BUROCRATOCIA

LUCIANO BIVAR

BUROCRATOCIA

A Invasão Invisível

M.BOOKS

M. Books do Brasil Editora Ltda.

Av. Brigadeiro Faria Lima, 1993 - 5º andar - Cj. 51
01452-001 - São Paulo - SP - Telefones: (11) 3168-8242/(11) 3168-9420
Fax: (11) 3079-3147 - e-mail: vendas@mbooks.com.br

Dados de Catalogação na Publicação

Bivar, Luciano Caldas
Burocratocia – A Invasão Invisível/Luciano Caldas Bivar

2006 – São Paulo – M. Books do Brasil Editora Ltda

1. Economia Política 2. Política 3. Administração

ISBN: 85-89384-98-5

EDITOR
MILTON MIRA DE ASSUMPÇÃO FILHO

Coordenação Técnica
Severino Luiz de Araújo

Pesquisa Documental
Adelina Freitas Monteiro de Araújo

Revisão Geral
Jorge Fernando Santana

Produção Editorial
Salete Del Guerra

Revisão de Texto
Renatha Prado
Ivone Andrade

Editoração e Capa
Compol Ltda.

2006

Sumário

Prefácio VII

Apresentação XV

Introdução XIX

1 O Que é a *Burocratocia* 1

1.1 O Fenômeno da *Burocratocia* 1

1.2 O Poder do Estado Burocrático 18

1.3 A Transição da Burocracia para a *Burocratocia* 25

1.4 O Poder Dominante e o Poder dos *Burocrácios* 31

2 O Brasil da *Burocratocia* 39

2.1 O Estado Fiscalista da *Burocratocia* 40

2.2 Os Efeitos da *Burocratocia* sobre a Economia e a Sociedade 52

2.3 Como Agem os *Burocrácios* no Brasil 63

3 Idéias *Antiburocratocia* 69

3.1 Política Socioeconômica 70

3.2 Política Tributária 73

3.3 Política Institucional e Administrativa 86

3.4 Política Eleitoral 90

3.5 Outras Políticas 96

Bibliografia 99

Prefácio

Por ***Marcos Cintra***

As primeiras civilizações da Antiguidade sentiram necessidade de organizar as relações entre as pessoas e o Estado que se formava. Regras relacionadas à defesa dos vilarejos, à proteção física dos cidadãos, à arrecadação de impostos, à produção de bens, entre outras, foram sendo elaboradas como uma forma de racionalizar a organização humana. Delegou-se ao Estado o poder coercitivo para a elaboração de normas que permitissem à sociedade alcançar, com eficiência, seus objetivos econômicos, políticos e sociais. A burocracia foi, e continuará sendo, uma necessidade do desenvolvimento da humanidade.

O conjunto de normas burocráticas que se adotou durante milênios foi determinante para a transição do ser humano de seu estágio primitivo para uma sociedade organizada. As formas mais simples de organização evoluíram para estruturas sociais cada vez mais complexas. Entre inúmeros conflitos bélicos, as comunidades agrícolas se transformaram em feudos até chegarem à condição de cidades providas de serviços básicos e infraestrutura. Os governantes passaram a ser escolhidos através de processos políticos participativos e cada vez mais democráticos. O Estado ampliou suas atribuições, passando de mero coordenador de ações voltadas à defesa das comunidades para provedor de uma infinidade de bens públicos. Passou a ser um agente com função distributiva, e responsável pela correção de flutuações no sistema econômico.

Em suma, em todos os aspectos da evolução humana, a burocracia se fez presente como uma necessidade.

Contudo, como pode acontecer com qualquer criação humana, podem surgir distorções. No caso da burocracia, com o passar do tempo, ela passou a se alimentar dela mesma. Tornou-se um monstro disforme, voraz e cruel. Mais grave ainda é que grupos encastelados no poder passaram a usar a burocracia como mecanismo de dominação e de satisfação de seus interesses pessoais ou corporativos.

Nesse sentido, surge o oportuno trabalho de Luciano Bivar.

O autor propôs um termo adequado para designar não a burocracia propriamente dita, mas uma disfunção dela: a "burocratocia", que se tornou um corpo parasitário na estrutura do Estado, tornando-a ineficiente e custosa. A "burocratocia" é um rótulo para designar a banda podre da burocracia.

Bivar chama a atenção na introdução de sua obra para uma sutileza no *modus operandi* da infestação dos "burocrácios". Segundo o autor, ocorre uma "invasão invisível" na estrutura social, que é difícil de ser percebida. Quando a sociedade toma consciência do mal que ela provoca, em geral, já é tarde, e o combate a ela e a seus efeitos torna-se árduo e penoso.

A disfunção da burocracia é uma característica que pode ser observada tanto no setor privado como nas várias instâncias do poder público. Ela pode ser resumida como: exagerado apego aos regulamentos, sendo os meios os principais objetivos do burocrata, em detrimento dos fins; excesso de formalismo e de papelório, fator que cria um ambiente complexo e moroso; exibição de sinais de autoridade, não raro de forma obsessiva; e resistência a mudanças, em que o burocrata luta para manter rotinas e procedimentos por temer pelo futuro na estrutura. Estas características predominantes acabam criando um sistema modorrento por conta da vida própria do corpo burocrático, que não se importa com as externalidades negativas que gera para a comunidade.

Quando se fala em burocracia, costuma-se imaginar a operação da máquina governamental em seus três níveis. Porém, o fenômeno ocorre em todos os segmentos sociais, públicos ou privados. Ocorre também nas atividades privadas, mais especificamente nas empresas. Contudo, no setor privado ele é mais facilmente combatido, uma vez que a busca pela eficiência é condição de sobrevivência.

Já no setor público a "burocratocia" encontra ambiente propício para proliferar e multiplica-se. Não há um antídoto sistêmico que a combata. A racionalidade nem sempre é a palavra de ordem de governantes, que se interessam mais em praticar atos populistas, proteger apaniguados e fazer da coisa pública um balcão de negócios. Isto gera custos crescentes para a máquina pública, inviabiliza atividades produtivas, compromete investimentos e produz enormes prejuízos para o cidadão pagador de impostos. Nesse organismo, a figura do "burocrácio" segue aumentando o alcance de seus tentáculos e destilando seu veneno contra o contribuinte.

Este parece ser o caso do poder público brasileiro, e a obra de Luciano Bivar surge como importante elemento de análise e subsídio para ações voltadas ao combate da praga da burocracia.

Vale citar que, em muitos casos, a manutenção da "burocratocia" no setor público tem lastro no setor privado, que encontra nessa anomalia um instrumento poderoso para obter vantagens de toda ordem, política ou econômica. Grupos dentro do poder público se mancomunam com agentes privados, dando origem a estruturas que sugam recursos públicos e geram distorções e injustiças sociais. Há claros interesses privados na manutenção de determinadas organizações burocráticas públicas viciadas.

Na obra *Burocratocia – a invasão invisível,* Luciano Bivar conceitua, na primeira parte do trabalho, a "burocratocia" como o "subconjunto dos burocratas que influenciam, boicotam, se corporatizam, sempre em benefício do Poder Dominante, e se sentem inatingíveis, em qualquer que seja o governo". Em determinada passagem do texto, diz que os "burocrácios" pretendem ser a própria lei e mostra como ocorre a transição da burocracia para a "burocratocia".

Na segunda parte, o autor insere o tema na história brasileira mostrando que, ao que tudo indica, a praga dos vícios burocráticos já se fazia presente desde o período colonial. Bivar aponta esta anomalia como um dos fatores de perpetuação de nosso subdesenvolvimento.

A obra enfatiza a questão fiscal e tributária no Brasil como um dos campos mais férteis para a disseminação de resistentes focos de anomalias burocráticas. Mostra a composição dos quase dois milhões de servidores públicos federais. Concordo plenamente com o autor quando ele diz que não cabe atribuir a eles a responsabilidade pelo peso dos impostos. Acrescento ainda que a maioria desses servidores não carrega o rótulo de "burocrácio", mas aproveito a oportunidade para lembrar, de passagem, que reside neste segmento uma das maiores aberrações no tocante ao poder da burocracia pública.

Bivar mostra que 970 mil servidores federais são inativos, agravando o desequilíbrio das contas públicas do País. O poder corporativo dos servidores foi capaz de criar privilégios na concessão de aposentadorias e pensões que sangram as despesas previdenciárias. Muitos dos inativos recebem seus benefícios (a média dos regimes próprios é muito superior à verificada no RGPS) em descompasso enorme com o valor com que contribuíram quando estavam na ativa.

No âmbito das finanças públicas, a burocracia brasileira se delicia. A área tributária é, seguramente, a que mais conta com contingentes de burocratas ávidos por exercer seus poderes. Entre todos os aspectos da vida moderna, em nosso país, os impostos são emblemáticos do poder burocrático. Isto vem desde o período colonial, quando os burocratas da Coroa chegavam às raias da violência física para extrair tributos do colono. Hoje, a opressão apenas mudou seus métodos, mas continua tão dramática como foi há cinco séculos.

O sistema tributário brasileiro é absurdamente custoso, complexo e impregnado de normas e procedimentos que proliferam dia após dia. Entre 1988 e 2004 foram editadas no País quase 220 mil regras tributárias, através de leis, medidas provisórias, instruções normativas, decretos, entre outros. Isto equivale a 55 medidas por dia útil.

Outro caso exemplar da espasmódica burocracia tributária brasileira foi a mudança na forma de cobrança da Cofins, a partir de 2004. Em pouco mais de dois anos da nova sistemática, ocorreram quase 150 mudanças na legislação do tributo. Virou uma colcha de retalhos absurdamente confusa, a ponto de a Secretaria da Receita Federal reconhecer no início de 2006, que nem os fiscais e técnicos do órgão conseguiam entender o tributo.

O aspecto tributário é a principal patologia burocrática, como bem demonstrado por Bivar.

O imposto, como elemento estratégico ao desenvolvimento, é fator secundário na visão do burocrata. As mudanças vão ocorrendo numa velocidade absurda e tornando o sistema cada vez mais complexo e moroso. As guias de arrecadação e os livros e registros contábeis exigem uma convivência com papelório, que é um inferno para o contribuinte. Ninguém consegue acompanhar as normas e procedimentos, a não ser o todo-poderoso burocrata, que surge como a autoridade que pode destrinchar a lei e punir seus infratores. Nesse caos surgem os corruptos e a sonegação é prêmio a quem consegue praticá-la.

A última parte da obra de Bivar traz propostas que poderiam eliminar os males provocados pelos "burocrácios".

Destaco a necessidade apontada pelo autor de uma imediata reforma política e eleitoral no País. Bivar aponta a resistência criada pelo corpo burocrático a quaisquer mudanças que possam eliminar privilégios. Uma das mais gritantes é o sistema eleitoral que permite que candidatos "sem voto", como vices e suplentes, assumam vagas de outros candidatos legitimamente eleitos. Além disso, Bivar chama a atenção para a perpetuação no poder de velhos caciques da política, que vivem sintonizados com a estrutura doente da "burocratocia".

Outra proposta insistentemente defendida e patrocinada por Luciano Bivar se refere à reforma da burocracia fiscal do País. O projeto do Imposto Único propõe uma mudança ampla e profunda na estrutura de impostos. A idéia é substituir todos os impostos declaratórios por um incidente sobre as movimentações financeiras que ocorrem no setor bancário. Acabaria a necessidade de livros contábeis e das declarações de toda natureza.

O Imposto Único seria cobrado automaticamente quando o correntista movimentasse sua conta através de cheques, débitos eletrônicos, transferências e outras formas de lançamento. A alíquota seria muito baixa por conta da expansão da base imponível e as empresas não teriam mais os elevados custos, necessários apenas para cumprir a lei tributária. A sonegação se tornaria remota e a corrupção praticada por fiscais acabaria. Toda e qualquer operação mercantil somente seria considerada legalmente liquidada a partir de determinado valor se ocorresse dentro do sistema bancário.

A proposta do Imposto Único, que foi objeto de importante projeto de Emenda à Constituição, de autoria do então deputado federal Luciano Bivar, é a maior inovação tributária que já surgiu no País. Há uma estrutura pronta para sua implementação, uma vez que o sistema bancário brasileiro é altamente informatizado, cobrindo em tempo real todo o território nacional. Além disso, a sociedade brasileira já deixou há décadas de usar a moeda manual, substituindo-a pela moeda escritural bancária.

Os "burocrácios" resistirão às mudanças que Luciano Bivar nos apresenta. Mas a evolução do mundo está contra eles. Já não se está mais nas pequenas e isoladas aldeias da Antiguidade, mas, sim, em marcha acelerada rumo à globalização.

O Brasil pode, e precisa, ter coragem para mudar. Esta é a principal mensagem de Luciano Bivar. É preciso mobilização para acabar com a resistência de grupos que se beneficiam das ineficiências geradas pelos interesses dos "burocrácios". É fundamental uma cruzada contra a burocracia, que relega o País ao atraso, na economia ou na política.

O presente trabalho de Luciano Bivar é uma arma e um instrumento com que o leitor, engajado na luta pela modernização, poderá contar em sua batalha.

Apresentação

Por ***Guilherme Afif Domingos***

Com a experiência de empresário segurador, advogado e ex-parlamentar, além de sua condição de estudioso dos problemas brasileiros, Luciano Caldas Bivar, através deste livro, chama a atenção para um fenômeno que vem ocorrendo na maioria dos países, inclusive no Brasil, que é o do aumento do poder da burocracia, em detrimento da democracia.

Bivar adverte quanto aos riscos do que chama de "Burocratocia", e que define como a "exacerbação da burocracia enquanto poder de uma minoria de agentes, públicos ou não, ao mesmo tempo ávida por privilégios e reacionária", destacando o grande avanço desse fenômeno no Brasil. Não se coloca como adversário da burocracia, que reconhece necessária para o funcionamento do Estado na busca do progresso social máximo (máxima eficácia), com economia de meios (máxima eficiência). Valoriza a posição dos servidores públicos, denominados burocratas, enquanto "se mantêm no cumprimento dos seus papéis funcionais e se comportam como fiéis executores das tarefas que as normas lhes atribuem", mas se rebela contra a "busca premeditada e sistemática da satisfação de interesses próprios, superpostos às demandas legítimas do povo", o que, para ele, vem ocorrendo com intensidade, em um movimento caracterizado como a "invasão invisível".

Ao analisar as causas do subdesenvolvimento do Brasil, aponta como um dos fatores causais a "burocratocia", que, desde os primórdios do descobrimento, constitui um entrave ao progresso. Cita Belmiro Castor, para quem, "quando o processo de colonização se iniciou, o estamento burocrático português se apossou da nova terra. O Estado era uma força centrípeta a arrastar para seu núcleo tudo o que se passava na colônia, e a burocracia cartorial não perdeu tempo em se instalar e passar a controlar as iniciativas dos locais, submetendo-os ao mesmo processo que lhe havia garantido o poder na metrópole, ou seja, uma combinação entre o exercício de um rígido controle governamental sobre as atividades bem comezinhas, por um lado, e de recompensas generosas pela obediência e subserviência dos súditos, por outro. Na nova colônia, tudo que fosse minimamente relevante, ou mesmo que não fosse totalmente irrelevante, dependia de autorizações, alvarás, cartas régias, concessões e permissões governamentais. Nada se decidia sem que o Estado fosse ouvido e assentisse; nada se decidia fora da capital do País, quando não na própria Corte em Lisboa". Bivar assinala que, após a Independência, o Brasil continuou a comportar-se pelos padrões do Estado patrimonialista da Colônia, o que não mudou com a República. Essa descrição me parece absolutamente pertinente, o que me tem levado a afirmar que o cidadão brasileiro tem complexo de súdito e que abolimos a monarquia, mas a Corte continuou em Brasília.

Nessa linha, o autor destaca que o "Estado Fiscalista" brasileiro assumiu tantas funções ao longo do tempo, enchendo-se de órgãos e quadros de pessoal e apropriando-se de parcela cada vez maior de renda gerada pela sociedade, com o agravante do peso controlador da "burocratocia", que impõe um custo operacional que cresce cada vez mais para encobrir a ineficiência do Fisco. Destaca a grita crescente contra a implacável burocracia fiscal no Brasil e seus efeitos desastrosos sobre o setor produtivo, as administrações empresariais e, na ponta, os cidadãos e consumidores. Afirma que a dimensão da informalidade brasileira resulta da "complexidade burocrática e do formalismo legal", e que o perfil autoritário da administração pública leva seus agentes a definir o que é melhor para o Estado e a tratar o cidadão como súdito e como dependente dos interesses e da vontade do Estado.

Segundo ele, a "tecnologia" se alia ao Poder Executivo e se arvora no direito de definir os objetivos nacionais, os valores desejáveis, os parâmetros e critérios para a construção do desenvolvimento, substituindo funções do Congresso Nacional. Os "burocrácios" formulam os planos nacionais, os projetos de lei, as medidas provisórias, participam das discussões nas Comissões Técnicas do Congresso, estabelecem controles que aumentam seus poderes e, organizando-se em corporações vigorosas, conquistam benefícios que não são extensivos ao cidadão comum e sangram a nação. Impedem mudanças que reduzam seus espaços e barram todas as propostas de desburocratização.

Luciano Bivar não se limita a denunciar a "invasão invisível" da burocracia e seu impacto sobre a democracia e o desenvolvimento do Brasil, como apresenta propostas sobre temas relevantes, como a questão tributária, em que defende o "Imposto Único" como solução, talvez baseado no que dizia Roberto Campos a respeito dessa proposta de que "só o fato de implodir a burocracia compensava qualquer risco". Mostra-se favorável ao "Estado forte", mas não ditatorial e autocrático, que tenha instrumentos adequados para realizar um Projeto Nacional com o respaldo da sociedade. Talvez as posições mais polêmicas se refiram à reforma política, onde, na contramão do que vem sendo discutido, defende os pequenos partidos. Critica o voto proporcional, que, segundo sua visão, com seus quocientes e sobras desrespeita o eleitor, mandando para o Legislativo grande número de candidados sem voto, fraudando a vontade popular e fazendo com que os partidos se preocupem mais em buscar "puxadores de votos" do que candidatos comprometidos com a filosofia partidária.

O livro *Burocratocia – A Invasão Invisível* merece ser lido, analisado e discutido porque aborda, de forma provocante, temas relevantes para os destinos do Brasil. Com este livro, Luciano Bivar oferece sua contribuição ao debate nacional.

Introdução

Encontrei em Joaquim Nabuco de *Minha formação*[1] um texto lapidar, pelo que me toca: "o traço todo da vida é para muitos um desenho da criança esquecido pelo homem, e ao qual este terá sempre que se cingir sem o saber..." A princípio, rabisco trêmulo e incerto, depois linha encorpada e firme, é sempre decisivo, como referência de atitudes e comportamentos. Esse caráter unifica todas as *personagens* que, ao longo da existência, cada um encarna.

No meu caso, as lembranças que tenho de momentos cruciais vividos têm a ver com independência, autonomia e rejeição de tudo quanto representasse coerção, amarra, mordaça, freio. A liberdade sempre foi meu objetivo, meu critério de escolha e minha energia condutora. Ela me induz a querer mais liberdade e a tudo julgar pelo quinhão de liberdade que assegure.

Bem antes de conhecer o *Discurso sobre a servidão voluntária*[2], de Etienne de La Boétie, eu me insurgia contra todo apelo ou insinuação de ceder, a quem quer que fosse, a faculdade de decidir meu destino, meu caminho e risco. A Natureza não nos fez livres para renunciarmos à liberdade e sujeitarmo-nos a outras vontades.

Eis por que não consigo encarar, como natural, essa onda portentosa do avanço do Estado *burocrácio*, que ora assola o Mundo e, muito particularmente, o meu País. Isso atenta contra minha índole. Preciso denunciar tal abuso e violência. Preciso

1 NABUCO, Joaquim. *Minha formação*. São Paulo: Martin Claret, 2005. p. 134.

2 LA BOÉTIE, Etienne de. *Discurso sobre a servidão voluntária*. Lisboa: Edições Antígona, 1986.

fazer algo pela libertação desse jugo que estrangula a mim e a multidões.

Não se trata, aqui, de uma pregação anarquista pela demolição de todos os marcos regulatórios da vida social. Em vez disso, considero a lei como "expressão da vontade geral institucionalizada"[3], em prol da organização social do exercício da liberdade. Enquanto forma de um pacto nacional explícito, a lei é condição da convivência interpessoal criativa e saudável. Não raro, porém, é imposta pela vontade de uma minoria, não importa se legítima ou usurpadora, e sufoca a energia criadora da sociedade. É a isso que me oponho, veementemente.

Na verdade, a imposição arbitrária da lei é a negação da Teoria Científica do Direito, propugnada por Kelsen. O absolutismo já não tem guarida na consciência do homem contemporâneo. Na Faculdade de Direito da Universidade Católica de Pernambuco, aprendi com o professor Gilvandro Coelho que nem sempre a amplitude da norma jurídica alcança todos os cidadãos, porquanto ela pressupõe certos valores fundamentais, de natureza religiosa, moral ou ética de cada um.

De outra parte, não desconheço a perversa propensão dos aparelhos estatais a extraírem e a multiplicarem complexidades organizacionais e operativas da simplicidade normativa. Faz parte, essa contravenção tática, da estratégia de conquista e controle do poder político e administrativo. Tal manobra tende a asfixiar a liberdade de ação. Coloco-me frontalmente contra.

Decidi registrar minhas posições libertárias, não com intuitos de auto-engrandecimento ou autolouvação. Muito menos, por imitação de empresários dados à literatura, com a veleidade de

---

3 FAORO, Raymundo. *Os donos do poder*: a formação do patronato político brasileiro. 2. ed. Porto Alegre: Globo; São Paulo: Ed. USP, 1975, v. 2 p. 734.

me apresentar como um modelo carismático ou profético, a ser admirado e seguido por outros homens. É o espírito de cidadania que me move. Interessa-me apenas participar do movimento social, que já se esboça, pela derrubada das muralhas da burocracia disfuncional e prepotente, que nos encurrala e esmaga.

Nem me coloco na posição de adversário dos servidores públicos, classicamente reunidos sob a denominação de *burocratas*. Enquanto eles se mantêm no cumprimento dos seus papéis funcionais e se comportam como fiéis executores das tarefas que as normas lhes atribuem, não apenas os respeito pela dedicação ao dever, como os admiro pelo desapego pessoal e até os louvo pelo heroísmo revelado em muitas circunstâncias. Chego mesmo a ser tolerante com maus funcionários eventuais, cujos equívocos de comportamento decorrem mais de fatores próprios do ambiente e do momento organizacional ou social em que se situam do que da orientação ética e dos valores que cultivam.

A minha peleja é contra aqueles de caráter pervertido, que, no poder, estão consagrados à busca premeditada e sistemática da satisfação dos interesses próprios, superpostos às legítimas e elementares demandas do povo. É contra os que dedicam suas energias, seus recursos e seu tempo à conquista do poder pelo poder, que os imunize de responsabilidade social e lhes assegure uma blindagem perante o juízo público.

Chegamos a um ponto que esse fenômeno bem merece a denominação de *burocratocia*. De fato, estamos na órbita de uma modalidade perversa de oligocracia (governo de uns poucos para pouquíssimos), por si só uma infiltração patológica no organismo da democracia (governo de todos para todos), tão pausada e arduamente conquistada pelas sociedades contemporâneas. Por isso mesmo, creio apropriado reunir sob o título de *burocrácios* todos os que promovem, nutrem e consomem essa variante doentia da fisiologia administrativa, quando no exercício do poder.

Inquieta-me, além do mais, uns aspectos muito especiais da escalada do processo *burocrácio*, como: sutileza, disfarce, silêncio da sua infestação. Poucos se dão conta dos sintomas e prenúncios. Uma vez assimilada pelo corpo social desapercebido, a *burocratocia* legitima-se e torna-se quase imbatível. Eis por que a chamo de *invasão invisível*, com toda a sua carga destrutiva, lenta, imperceptível e implacavelmente acumulada. Quando tomamos consciência do mal, resta pouco espaço de manobra para dominá-lo. Não admito dividir terreno com tal ameaça.

Para varrer da nossa vida tão descomunal arrogância, é preciso, antes, entender como nos deixamos enredar por ela, como lhe cedemos nossas prerrogativas, como a fizemos tão poderosa, a ponto de subjugar-nos. Então, apreendidos os mecanismos que forjam e mantêm a *burocratocia*, torna-se possível desmontá-la.

As raízes desse processo distorcido da ação pública são bem fundas. Além do mais, fortíssimas. Não consigo imaginar quem, isoladamente, possa enfrentar, com bom êxito, a remoção de tais raízes. Só a reunião das forças dispersas na sociedade teria a virtude de realizar tamanho prodígio.

Com este depoimento, quero contribuir com os grupos já formados ou em formação, no Brasil, para enfrentar e debelar o *tsunâmi* da *burocratocia*.

Escrevo este livro, como depoimento, ditado mais por impulso de sobrevivência do que por mera especulação intelectual, ambição política ou divagação diversionista. São três os momentos desta minha contribuição: o primeiro aborda a natureza da *burocratocia* e o processo histórico por ela responsável; o segundo trata desse fenômeno, no Brasil e da gravidade que assume, aqui, pondo em risco o projeto de futuro, que a Nação persegue; e, enfim, o terceiro momento destaca um elenco de propostas objetivas, direcionadas a neutralizar e erradicar a *burocratocia* entre nós. Ao dar forma a essas idéias é como se eu estivesse cumprindo por inteiro meu destino, minha sina.

1 O Que é a *Burocratocia*

A burocracia é um tipo de mecanismo inventado e curtido pelo espírito humano, e, quando dele se desgarra, ela consegue ganhar vida própria. Ao longo do percurso histórico, dilui sua natureza de meio, dobra-se sobre si mesma e, enfim, reapresenta-se transfigurada. Porém, até alcançar esse estágio derradeiro, a metamorfose é gradual, sinuosa e, sobretudo, consentida. Nenhum passo é transparente e completo. Do contrário, não se legitimaria, não se consolidaria nem, provavelmente, se viabilizaria.

Percebo, no quadro do desenvolvimento das sociedades contemporâneas, que a burocracia reproduz, com fidelidade, esse padrão. Começa como exigência de racionalidade (ou adequação dos meios aos fins), mas redunda na mais completa absurdidade. Eis a *burocratocia*, não mero desvio de rota, senão portentoso entrave ao avanço, antítese do progresso, cultivo minucioso do regresso. Sinteticamente, ela configura, de uma parte, exacerbação da burocracia e, de outra, aliança da burocracia com o Poder Dominante. Chegou a tanto pelos caminhos de inúmeros e justificados equívocos, graças aos quais uma fatia cada vez maior do poder político foi sendo cavilosamente capturada por um contingente cada vez menor dos que deveriam ser apenas servidores públicos.

1.1 O Fenômeno da *Burocratocia*

É muito comum nos dias de hoje, empresários do mundo inteiro contarem suas vitórias em livros e filmes, como se tivessem a receita infalível do sucesso. Não é minha intenção menosprezar, desvalorizar ou subestimar a capacidade vencedora desses empresários-escritores. Todavia, procuro neste livro denunciar o perigo que se vem instalando no mundo contemporâneo, como um novo Poder: a *burocratocia*.

Burocratocia é o termo que proponho para designar o desvirtuamento estrutural e funcional dos aparelhos administrativos, seja da iniciativa privada seja do setor público, no sentido da conquista e uso do poder em causa própria. Não se aplica, portanto, aos processos de atividades nem aos quadros de funcionários ou servidores que seguem mecanicamente as normas impostas pelos regulamentos e pelas leis. Por sua vez, *burocrácio* é termo que reservo ao subconjunto dos burocratas que influenciam, boicotam, se corporatizam, sempre em benefício do Poder Dominante, e se sentem inatingíveis, em qualquer que seja o governo (de situação ou de oposição, de direita ou de esquerda), parecendo estar acima do bem e do mal.

Entendo que o Brasil, como o resto do mundo, tem somente duas ideologias: a que emana do poder do Povo, ainda mero espectador dos acontecimentos, e a exercida pela *burocratocia*, constituída por grupos de capital, sindicatos, lobistas e pessoas com amigos dentro e fora das máquinas governamentais. Segundo o economista peruano Hernando de Sato, "essas forças poderosas só pensam e defendem seus interesses".

Esse mundo corporativo insiste em não reconhecer as adversidades que o mundo enfrenta, nem mesmo a catástrofe da pobreza: primeiro eles, depois o resto, se der tempo. Algumas *burocratocias* instaladas nos quatro cantos do mundo comportam-se de modo a arruinar a Humanidade de diversas maneiras. Já vi e continuo vendo crimes corporativos em grande escala.

Entristece, porém, constatar que vários setores demonstrem estar satisfeitos, simplesmente porque se tornaram amigos do Poder Dominante. São, muitas vezes, segmentos que não se encontram contaminados pela *burocratocia*, mas, postos em uma situação confortável, graças a uma conjuntura econômica favorável ou a um golpe de sorte, apresentam-se como exemplo e modelo de "competência" e autoridade (do tipo "eu sou o bom"), publicando livros e artigos pelo mundo inteiro, como se fossem os donos da verdade.

O povo precisa resistir a essa nova força. Porque os discursos políticos confundem a mente humana, colocada entre o populismo e a razão. No entanto, quando chegam ao Poder, os homens se tornam coniventes com a *burocratocia* e só pensam em esmagar o povo, com impostos e taxas, num desejo incontrolável de arrecadação.

A maioria dos países do Terceiro Mundo, como Brasil, Índia, México, Venezuela, Líbia, Argélia, Bangladesh, Nepal, entre outros, tem mais de 50% da sua economia na informalidade. Esse refúgio à margem da lei traz em seu bojo o que há de pior para a formação do homem: empurra-o para a marginalidade e destrói seus valores éticos e morais por toda uma geração.

As famílias não conseguem distinguir o ético do antiético, o legal do ilegal e, quando se sentem expulsas da sociedade organizada, entram num processo gradativo de deterioração moral, que as leva às mais inacreditáveis situações. Muitas delas se dobram à extorsão de uma *República Fiscalista*, cada vez mais faminta e voltada para saciar a *burocratocia*, que vive a espoliar o cidadão comum, como se tivesse sobre ele o poder de vida e de morte.

Há um grande equívoco nos sistemas econômicos da maioria dos países subdesenvolvidos, por demagogia ou por outras razões; o que se busca é manter ou ampliar o número de funcionários públicos nos processos de assistência social. Refiro-me a projetos sociais, como os que existem hoje no Brasil, por exemplo: "Fome Zero", "Bolsa Escola" e outros. Para ter uma idéia da criatividade do Poder Dominante, pense no que a prefeitura da cidade de São Paulo anunciou em 2006: uma iniciativa intitulada: "Dê mais que esmola. Dê futuro". A idéia é convencer o cidadão a negar às crianças os trocados que elas pedem nas esquinas e cruzamentos de ruas. O prefeito quer canalizar o dinheiro para um Fundo Municipal da Criança e do Adolescente. É mais uma investida dos *burocrácios*, a fim de pegar o dinheiro, até mesmo de esmola, para ser administrado por *miserocratas*. Assusta-me quando penso a que lugar pode chegar a imaginação dos "donos do Poder", até onde podem sugar a sobrevivência do cidadão comum.

O Mundo experimenta, hoje, uma de suas mais agudas crises, geradas pelo Poder encastelado. O Banco Mundial realizou um estudo ("Doing business in 2005") sobre as dificuldades criadas por esse Poder e sobre o seu maléfico impacto no desenvolvimento. O estudo compreendeu um universo de 155 países, nos quais se empregou a mesma metodologia na aferição de importantes índices. A proliferação de regulamentos, especialmente aqueles de má qualidade, trava o desenvolvimento de qualquer país. Tanto que as nações mais avançadas são as que possuem os regulamentos mais leves e, sobretudo, mais funcionais. Já os países considerados em desenvolvimento estão enroscados num emaranhado de leis, decretos, portarias e outras regras de difícil aplicação e alto custo.

O Brasil não foge à regra: não está nada bem. Em quase todos os indicadores, aparece nos últimos lugares. No índice de emprego, por exemplo, que mede o grau de facilidade ou dificuldade para gerar novos postos de trabalho, a situação é terrível, pois, em uma escala de 0 a 100, fixou-se com 89 pontos. Piores que o Brasil, estão Mongólia (90), Nicarágua (90), Paraguai (90), Quirguistão (90), Lituânia (90), Turquia (91), Hungria (92), Polônia (92), Chade (93), Ucrânia (93) e Bolívia (95).

Quanto à abertura de novas empresas, a burocracia brasileira e a dos países subdesenvolvidos requerem cumprimento rigoroso de 15 procedimentos burocráticos, em média, numa demora em torno de 152 dias. Na Austrália, são dois procedimentos, realizáveis em apenas dois dias! No Canadá, são dois ou três dias. Na Nova Zelândia, em três dias. E nos Estados Unidos, quatro ou cinco dias.

Os *burocrácios*, que vivem atrelados ao Poder Dominante, não estão preocupados se o empresário ou investidor vai esperar 150 dias ou não, para gerar novos empregos ou criar novas fontes de riqueza. Para eles, quanto mais complicado, melhor. Eles se sentem mais importantes, imprescindíveis mesmo para a máquina estatal, que lhes garante eterno emprego. Mas o grande mal que isso causa à sociedade é o conjunto de variantes incontroláveis e propiciadoras da corrupção.

Esse poder avassalador, que sangra a classe produtiva, inibe a livre iniciativa e compromete o futuro do País, reveste-se de inúmeras configurações, para se manter encastelado. O Poder Executivo garante privilégios incontáveis aos *burocrácios*. O Poder Judiciário caracteriza-se pelo extremado reacionarismo, travando avanços e praticidades, como se o Direito não fosse uma Ciência Humana e, como tal, sujeita às novas realidades sociais. O Poder Legislativo, por sua vez, vive criando leis, direcionadas ao assistencialismo social, como se os recursos da União, estados e municípios fossem inesgotáveis.

Os grandes partidos políticos, em cujas entranhas reside o maior foco de *burocrácios*, associam-se ao partido dominante, para garantir o emprego de seus membros, sob a retórica da governabilidade, e têm procurado, ao longo da história recente, o aniquilamento dos pequenos partidos. O desconforto que lhes causam as pequenas legendas, dentro do Congresso Nacional, ao denunciar as orgias parlamentares no trato do erário público, é uma realidade.

Muitos esquecem, ou procuram não enxergar, que os pequenos partidos têm representado, anos a fio, o equilíbrio no Congresso Nacional e no processo político brasileiro. Eles são o espelho de uma sociedade pluralista, sem amarras, livre e democrática e subsistem em qualquer nação séria e comprometida com o Estado Democrático de Direito. É o que atesta a História. Ninguém, por mais que tente esconder, pode desmentir ou sequer desconhecer esta verdade. No caso específico do Brasil, os pequenos partidos vêm sofrendo sistemática perseguição da *burocratocia*, que os acusa de "fonte permanente de instabilidade", sujeitando os governos a freqüentes crises, em razão de não ter uma base de apoio parlamentar estável.

Ao contrário disso, é preciso enxergar que muitos segmentos políticos minoritários trazem, em sua essência, virtudes e propósitos, que elevam toda a sociedade, no que ela tem de mais humano. Os pequenos partidos, na ótica da Ciência Política, têm aspectos altamente positivos: não se dobram ao corporativismo, posto que seu núcleo é estanque, e afastam-se dos grandes blocos políticos em prol da Justiça — princípio que norteia a natureza humana —, como ideal e fim.

No Direito Objetivo, a Constituição brasileira de 1988 concedeu o direito de propositura de Ações Diretas de Inconstitucionalidade (ADIN), perante o Supremo Tribunal Federal (STF), aos partidos políticos com representação no Congresso Nacional, não importando se grandes ou pequenos, justamente para garantir, às minorias, a não-usurpação dos seus direitos.

Para ter uma idéia do exercício do poder-dever de zelar pela integridade jurídica da Constituição da República, junto à Suprema Corte, a Associação dos Magistrados do Brasil (AMB) analisou, em interessante pesquisa, quase duas mil ADIN, ajuizadas no STF nos últimos dez anos. Apurou que 17% foram de iniciativa de partidos políticos (74% de pequenos partidos), das quais 30,8% foram deferidas e 8% parcialmente concedidas. Isso demonstra como é salutar a existência das minorias políticas legalmente constituídas. Sem dúvida, elas são um obstáculo para o Poder Dominante, que procura, a todo custo, manter indefinidamente o *status quo*.

Não vislumbro uma saída isolada desse asfixiante processo a que as elites contemporâneas querem nos levar. Alexis de Tocqueville já sustentava que, no século XIX, nas sociedades tradicionais (para ele, "aristocráticas"), baseadas na propriedade da terra e numa hierarquia rígida, vigoravam direitos e liberdades bem estabelecidos, embora desiguais. Os interstícios de liberdade resultavam em um jogo em que cada poder, mesmo o do rei, era limitado por "corpos secundários" (nobreza, clero, tribunais, burgos, corporações) e a estrutura inteira estava circunscrita pelo *stablishment*. Nesses casos, a sociedade tende a uma generalizada debilitação: cada indivíduo perde o vínculo do seu destino com o dos demais e todos se convertem em átomos, à mercê da autoridade, que se faz despótica, em nome da missão de realizar a felicidade geral, missão que ela extorque à sociedade, ao mesmo tempo em que esta se apressa em delegá-la. Sobre a terra arrasada da igualdade, um único poder se impõe: eis a tirania moderna, que os *burocrácios* empalmam.

Todos nós reconhecemos que *o Estado distribuidor de riquezas* seria o ideal. Entretanto, os instrumentos que ele detém são aplicados a seres formados por células de trilhões e trilhões de peculiaridades que fazem a máquina humana. Tentar impor controle sobre sistema tão complexo só nos leva a uma viagem ao imprevisível.

Não é novidade que o mercado mundial está cada vez mais competitivo, em todas as áreas de atuação. A maioria de nós trabalha mais do que trabalhava há dez anos e, mesmo assim, o trabalho parece não corresponder às exigências do mundo moderno. O caos da mudança, desencadeado por essa nova ordem, tem sido denunciado diariamente por demissões em massa, alterações de controle acionário e intermináveis reestruturações, que afetam a todos e deixam toda a sociedade aturdida, sem saber de onde vem a carência de riquezas que o mundo produz, apesar do espantoso aumento da carga de trabalho.

No meu tempo de criança, as famílias do Nordeste do Brasil eram numerosas. Eu era o sexto de nove irmãos. Todos estudávamos em bons colégios e tínhamos todas as proteínas alimentares indispensáveis. É verdade que meu pai era bem empregado na máquina pública. Mas não era nenhum megaempresário. Tinha também, como ainda os tenho, grandes amigos, cujos pais eram bem mais humildes que os meus, embora tão dignos e saudáveis quanto a minha família. Lembro-me do pai de Janda, que possuía apenas um táxi e sustentava toda a família de seis filhos.

O pai de Eduardo tinha três caminhões, em que carregava açúcar do Porto do Recife para os armazéns do Instituto do Açúcar e do Álcool (IAA). Seus cinco filhos (dois meninos e três meninas) estudavam no Colégio Marista (para meninos) e no Colégio das Damas (o mais tradicional da cidade, onde as garotas aprendiam balé e música clássica).

Ora, caro leitor, durante a minha vida empresarial também já fui do ramo de transporte de cargas. Tinha 40 carretas de 18 rodas. Eram enormes, equipadas com recursos modernos para maior racionalização das atividades. Mesmo assim, eu e o meu sócio tivemos de abandonar o negócio, devido a vários fatores, como alto custo de manutenção da frota, péssima qualidade das rodovias, altas taxas de impostos e de pedágios, carreados para a máquina do governo, sem nenhum retorno aos transportadores.

Engana-se a população indefesa com obras *besteiróides* no setor, feitas somente para justificar atuações politiqueiras. Para se ter uma idéia, no trecho São Paulo–Recife, existem em torno de 1.800 lombadas de cimento para redução da velocidade. Imagine o desgaste de freios e de feixes de molas causado a um caminhão por um percurso dessa ordem! Foram criadas, agora, como fonte de arrecadação, *lombadas eletrônicas,* destinadas a sugar os parcos recursos do setor de transporte, numa sinistra aliança entre empresários inescrupulosos e governo, que, juntos, rateiam o produto duvidoso dessas multas. É quando me lembro do pai de Henrique, sr. Eduardo, dizendo: "Éramos felizes e não sabíamos". Eu e meu sócio, com 40 caminhões, não tínhamos reservas suficientes para custear nossas famílias, se dependêssemos exclusivamente daquela atividade.

O Poder Dominante acostumou-se a atuar controlando e gerenciando todas as possíveis mudanças. Susan Campbell, em seu livro *Sobrevivendo ao caos,* sustenta que os profissionais de todos os níveis enfrentam, a cada dia, a ameaça da obsolescência. Por essa razão, convida-nos a abandonar o que ela chama de atitude de *segurança/controle* e a abraçar a abordagem de *aprendizado/descoberta.* Para ela, a época em que o valor do trabalho era medido pelos bens produzidos e pelos serviços prestados acabou. Sugere, por isso, um elenco de etapas à beira do *quixotismo,* para vencer o caos que se aproxima. Não acredito em fórmulas mágicas. Considero indispensável diminuir o tamanho do Estado. É preciso que todos juntos lutemos com unhas e dentes contra esse dragão insaciável, que nos queima a todo momento.

O atual Governo brasileiro, sob o pretexto de evitar a lavagem de dinheiro – um grande apelo demagógico para a planície desinformada – editou 13 medidas, para combater esse tipo de fraude, invadindo, violentando e expondo as técnicas e diretrizes de quem cria ao arrepio da lei. A quebra do sigilo bancário, agora, não mais precisa do exame do Judiciário. Os *burocrácios* pretendem ser a própria Lei. É como se, para matar uma barata no quarto, ateassem fogo no apartamento. Pouco importa para eles os danos que possam causar ao cidadão justo e àqueles que produzem. Na verdade, querem é o poder e, quanto mais absoluto, melhor. São da tese segundo a qual as pessoas valem pelo mal que podem causar ao próximo. Contra tudo isso, eu me insurgi, quando congressista, mediante proposta de Ação Direta de Inconstitucionalidade (ADIN nº 2.389/DF e 2.390/DF, de 15.01.01). Trata-se, com efeito, de uma violência inadmissível, num Estado de Direito. As pessoas, às vezes, não se dão conta do avanço do mar sobre os rochedos, que, a cada dia, viram pedregulhos. E Deus nos salve da hecatombe ditatorial que há por vir.

O que mais me surpreendeu, nessa nova medida, foi o Procurador-Geral da República sustentar que "não há motivo para ter o crivo do Judiciário em torno disso" e o Ministro da Justiça declarar que "é preciso romper a barreira entre as instituições públicas". Foi criado o Gabinete de Gestão Integrada (GGI), que terá o poder de bloquear bens e valores de pessoas que estejam sendo investigadas, mesmo ao arrepio do Poder Judiciário. Essa GGI lembra a Comissão Geral de Inquérito (CGI), criada pelo Ato Institucional nº 5 da Ditadura Militar de 1964. Como se vê, os mecanismos do Estado controlador, sob o argumento da proteção da sociedade, invadiram os direitos mais elementares do indivíduo.

A complexidade das leis e dos regulamentos é o principal instrumento dos *burocrácios*, para se manterem no poder. De fato, simplificar é algo que eles abominam. O tecnicismo exigido por eles, sob o manto da Justiça, inviabiliza qualquer processo de aperfeiçoamento direcionado para a racionalização e simplificação dos controles. O Imposto Único[1], idealizado pelo economista Marcos Cintra, professor da Fundação Getulio Vargas, é um exemplo. Esse tema, em especial, é algo demoníaco para a "*República Fiscalista*". Imagine um processo de arrecadação tributária unicamente por meio de impulsos magnéticos sobre os valores movimentados nas contas correntes no sistema bancário!

O imposto único é um sonho de mais de três séculos. A dificuldade de sua aplicação provinha da inexistência de uma base de incidência ampla o suficiente que permitisse alíquota reduzida e uma estrutura tributária simplificada.

Em 1990, Marcos Cintra publicou artigo na Folha de S.Paulo[2] expondo que a informatização bancária e a predominância da moeda eletrônica no Brasil era uma combinação que permitia utilizar a movimentação financeira como base do Imposto Único[3].

---

1 O projeto do Imposto Único pode ser acessado no site http://www.marcoscintra.org/novo/default.asp?idSecao=13. Vide também as seguintes referências bibliográficas sobre o tema:
ALBUQUERQUE, Marcos Cintra Cavalcanti de. *A Verdade sobre o Imposto Único*. São Paulo: LCTE, 2003.
ALBUQUERQUE, Marcos Cintra Cavalcanti de. *Por uma revolução tributária*. Brasília: Centro de Documentação e Informação – Coordenação de Publicações – Câmara dos Deputados, 2000.
ALBUQUERQUE, Marcos Cintra Cavalcanti de. *Imposto Único* – um produto genuinamente brasileiro. São Paulo: Meta, 1998.
ALBUQUERQUE, Marcos Cintra Cavalcanti de. (Org.). *Tributação no Brasil e o Imposto Único*. São Paulo: Makron Books, 1994.
ALBUQUERQUE, Marcos Cintra Cavalcanti de. (Org.). *Imposto Único sobre Transações*: prós e contras. São Paulo: Folha de S. Paulo, 1991.

2 ALBUQUERQUE, Marcos Cintra Cavalcanti de. Por uma revolução tributária. *Folha de S. Paulo*, 14/1/1990.

3 Em linhas gerais, o projeto do Imposto Único pode ser resumido da seguinte forma: haveria apenas um imposto arrecadatório. Permaneceriam apenas os tributos parafiscais utilizados como instrumentos de política agrária e industrial, como o imposto de importação, por exemplo. Não haveria mais

Com o Imposto Único, toda a máquina arrecadadora do Estado se tornaria ociosa. Há estudos segundo os quais a máquina arrecadadora consome o equivalente a 3% do PIB brasileiro. Assim, para um PIB estimado em US$ 789,8 bilhões, neste ano de 2006, a máquina arrecadadora absorveria algo como US$ 23,7 bilhões. Nesse caso, o *Imposto Único* seria um tiro no coração de pedra dos *burocrácios* fiscalistas.

O poder coercitivo, que, muitas vezes, se torna poder de extorsão e vira uma máquina altamente suscetível à corrupção, já começa a dar sinais evidentes, no segundo momento do atual Governo. Apesar de sempre ter-se proclamado paladino da ética e da moral, não conseguiu deter o Poder Dominante, que encontrou já instalado e se tornou muito mais confortável, devido à ideologia petista de aumento do tamanho do Estado, em benefício dos *burocrácios*.

Tal processo fiscalizador tem levado o Brasil à ilegalidade. De fato, o País já ultrapassa a marca de 50% da sua base econômica na informalidade. Isso não é mais "privilégio" do favelado ou do trabalhador. É estigma de toda a classe média e da elite também. Seja pela pobreza, seja por outros motivos, constituímos um país de ilegais. Em São Paulo, por exemplo, cerca de 80% dos

---

impostos sobre circulação de mercadorias nem Imposto de Renda sobre a pessoa física ou sobre a jurídica; os salários não sofreriam retenção de nenhum tipo; não haveria mais necessidade de escrituração fiscal nas empresas; não haveria mais qualquer forma de declaração para impostos de renda, de serviço, de circulação ou de qualquer outro tipo; não haveria mais necessidade de manutenção das múltiplas estruturas de fiscalização hoje existentes.

Outra característica fundamental desta proposta se prende à definição da base do imposto. Ele incidirá exclusivamente sobre as transações monetárias, em substituição à multiplicidade de bases hoje existentes. Assim, toda vez que qualquer agente econômico efetuar um pagamento por meio do sistema bancário haverá a incidência de imposto cobrado sobre o valor da transação. Para que o governo brasileiro – em seus três níveis – arrecade cerca de 30% do PIB, carga referente apenas aos tributos a serem extintos, estima-se que sua alíquota seria de 2,65% no débito e no crédito de cada transação bancária.

estabelecimentos privados de ensino superior não cumprem a Lei de Diretrizes e Bases da Educação. No Rio de Janeiro, mais de dois milhões de automóveis trafegam sem cumprir as normas do Código Nacional de Trânsito. Estima-se que, nas capitais dos estados, mais de 30% da população moram em loteamentos irregulares e em áreas invadidas.

Por sua vez, as empresas não chegam à extinção. Em outros termos: ninguém fecha uma empresa nos devidos registros, pois tamanho é o número das exigências legais. A ilegalidade da pessoa jurídica sobrevive e arrasta com ela empresários, sócios, Fisco e credores para uma viagem maculada, que não tem fim. Para se ter uma idéia da força com que o Poder Dominante induz as empresas à informalidade, mediante extorsivos impostos, basta considerar que, segundo estimativa feita pelo Instituto Brasileiro de Planejamento Tributário (IBPT), o *caixa dois* das empresas alcançou a cifra de R$ 1,028 trilhão, em 2004. O presidente *burocrácio* desse Instituto acha que o problema é uma "cultura do caixa dois", como se isso fosse um fenômeno normal da índole dos brasileiros. Não basta: só nesse ano, ocorreu a aplicação de 12.059 autos de infração.

O valor das multas chegou a R$ 75,1 bilhões. Esse valor corresponde a 23,11% do total da arrecadação da Receita Federal. Para o poder encastelado na Receita, o universo das empresas fiscalizadas é muito pequeno e, por isso, ela deve concentrar-se nas grandes empresas. É que a Receita considera insuficiente o efetivo de fiscais. No entanto, 98% das empresas inscritas no Cadastro Nacional de Pessoas Jurídicas (CNPJ) estão no Cadastro Informativo de Créditos Não-Quitados (CADIN), que lhes impede a obtenção de certidões para o completo exercício da sua atividade. Daí a fuga para a informalidade. O pior é que tal processo redunda na deterioração de outras empresas, porquanto todo o peso da carga tributária, em vários setores, é suportado pelas empresas que atuam na formalidade. Isso as induz, certamente, ao *caixa dois*, por causa da alta carga tributária. O fato ocorre, de maneira mais sistemática, nas empresas propensas à informalidade.

No setor da construção civil, por exemplo, a Fundação Getulio Vargas (FGV) constatou que, embora a carga tributária média seja de 26,6%, as empresas formais chegam a pagar 45,7% em impostos, enquanto as informais, 15%. No geral, as empresas formais, que detêm 35% do setor de construção, respondem por mais de 70% da arrecadação. Hoje, 29% das companhias instaladas no Brasil estão à margem da lei e não pagam tributos. As pequenas empresas, então, coitadas! Nos setores de comércio, indústria e serviços, 67% delas não têm condições de pagar impostos, na escala cobrada pelo Estado-dinossauro.

Na verdade, podem sobreviver uma empresa formal e uma informal? A primeira é assacada por estratosférico imposto e a outra está sempre à mercê da extorsão dos *burocrácios*. Ocorre que, em nome da moralidade, aparecem sempre novas figuras de *burocrácios*, às vezes encasteladas no poder há vinte anos. Órgãos como o Conselho de Controle de Atividades Financeiras (COAF), por exemplo, tutela dos poderes burocrácios, candidamente reconhecem suas limitações: "O COAF é um órgão muito pequeno. Nós temos apenas 31 funcionários; é preciso mais gente para pegar os sonegadores. Só no ano passado, identificamos 85.152 operações suspeitas realizadas no País, o dobro do que se passou no ano anterior". Meu Deus, esse pessoal não enxerga que alguma coisa está errada nessa estrutura?

A invasão invisível da *burocratocia* é um fato. Por causa dela, forma-se uma *cultura da ilegalidade dissimulada*, fruto do descumprimento das leis que, embora ideais, são irreais, utópicas. Somos destituídos do exercício completo da cidadania e reconstruídos como reféns da lei. A lei é, aparentemente, feita para o bem comum, mas, paradoxalmente, instaura o mal para todos. O empregador não é mais o cidadão que produz riqueza e dá emprego. Ele é, aos olhos desse Poder Dominante, o alvo certo para a notificação da multa pelos governos municipal, estadual e federal, sem contrapartida.

Tantas e insuscetíveis de cumprir são as exigências legais, intencionalmente arquitetadas pelos *burocrácios*, que todos permanecemos endividados. É um terror. E um terror invisível, mas incessantemente atormenta o cidadão brasileiro e o torna submisso à autoridade legal, além de criar um terreno fértil para o autoritarismo.

Desde algum tempo, os golpes de Estado e as revoluções, que assaltavam o poder, passaram a assumir nova forma e nova estratégia. O golpe, agora, como denuncio neste livro, tem sido lento e gradual. Os agentes estão sob nossas barbas, encastelados nas instituições do nosso País. Eles sempre agem como defensores do Estado, com um número incomensurável de normas e regulamentos, que brotam a todo momento asfixiando a classe produtiva desta Nação.

O golpe, agora, tem sido intestino, como um melanoma crescente que, a cada dia, invade as vísceras da administração pública por meio de um batalhão de *burocrácios*, sempre protegidos pelos grandes partidos, que se aliam ao governo, em nome da famigerada *governabilidade*, e passam a tutelar todos os passos da nossa cidadania. Muitas vezes, culpam os pequenos partidos políticos, como responsáveis por todos os males. Mas a verdade é que esses pequenos partidos denunciam as falcatruas do Poder Dominante. Analisando profundamente essa questão, no entanto, vale reconhecer que vários deles assim agem porque não foram convidados para o banquete da *burocratocia*. O número de deputados desses pequenos partidos é tão diminuto que não faz o menor sentido responsabilizá-los por todos os desmandos que se passam na máquina pública. O contrário é pretender fazer de todos nós imbecis.

O fato é que o homem, quando chega ao poder, parece que se embriaga com o mando, como se este fosse eterno, perde completamente a sensibilidade quanto ao desenvolvimento e somente se alia com aqueles que lhes prometem a manutenção do poder. A propósito, o jurista Hermes Lima escreveu, em *O complexo de Ataxerxes, idéias e figuras* (1957), que "o homem no poder sofre, em grau menor ou maior, três ilusões capitais: a ilusão de que tudo pode, a ilusão de que tudo sabe e a ilusão de que seu poder jamais terminará".

As novas estratégias vão além de Maquiavel. Usam-se as exceções como pretexto e inicia-se um processo de denúncias, como vemos nos dias de hoje em todo o Mundo. Ariel Sharon (em Israel) e Kofi Annan (na ONU) são vítimas notáveis, no plano internacional, dessa corrente denuncista. Confunde-se o cidadão de bem com as exceções marginais e todo o aparato controlador, mecânico e impiedoso do Estado recai, como uma luva de aço, sobre ele. As denúncias são minuciosamente preparadas, para conquistar o apoio popular. Desiludido e incauto, o povo dá um cheque em branco aos *burocrácios*, que passam a praticar todos os atos possíveis e inimagináveis, em nome de uma retórica "defesa do povo", embora, na verdade, se trate de defesa do Poder Dominante.

Os efeitos desse Estado manipulador têm o estrondo de um trovão e os efeitos de uma reação atômica. A História está repleta de exemplos. Napoleão III foi um deles. Surpreendeu a muitos, numa época em que não havia pesquisa de opinião, e chegou ao poder pelo voto. Em pouco tempo, impacientou-se com as regras do jogo democrático e, por meio de um plebiscito, conseguiu respaldo para fechar o parlamento. Em seguida, com inúmeras denúncias farsantes, reimplantou o império.

O Partido Nacional-Socialista dos Trabalhadores Alemães acenava, em 1932, com grupos chamados *legalistas* e edificava todo o arcabouço burocrático-administrativo, para dar provimento às suas estratégias. Pouco a pouco, os legalistas-burocráticos esmagaram o grupo do presidente Hindenburg e fizeram Hitler, primeiro-ministro. Daí para a frente, foi um passo. Sob o verniz constitucional criado pelo Poder Dominante, que deu respaldo a plebiscitos demagógicos, facilmente implantaram o regime autoritário nazista.

Esse golpe, obviamente em outra escala, também foi utilizado por Fujimori (no Peru) e, agora, Chaves (na Venezuela) e Evo Morales (na Bolívia) apenas procuram o momento certo para aplicá-lo. Não tenho provas cabais para garantir a existência dessas intenções maquiavélicas. Mas que o processo administrativo no Brasil, hoje, aponta objetivamente para uma dinâmica autoritária, não resta a menor dúvida.

Os efeitos devastadores dessa ebulição tendem a ser tão grandes que um governo populista não conseguiria imaginar a repercussão de sua miopia. Não sei de que parte do governo e de que órgão deste mesmo governo teremos mais problemas ou ações com intenções subjetivas, priorizando a burocracia. Uma coisa, porém, eu sei com certeza: o laboratório está pronto; já existe uma quantidade substancial de, "urânio enriquecido", e as conseqüências são questão de tempo.

É preciso que, urgentemente, se desative essa bomba. Sabemos que o regime político militar acabou. Entretanto, o viés administrativo autoritário persiste, e tem um poder devastador. O terror se inicia na Junta Comercial, na oportunidade em que nasce a pessoa jurídica. Daí para a frente, só Deus sabe o que pode acontecer. Esse Brasil, que nasce legal e formal, transforma-se num Brasil ilegal e informal. Nessa convivência de contrários, despreza-se a lei e corrompe-se a autoridade. Tal dicotomia faz de nós não uma nação produtiva, solidária e democrática, mas, ao contrário, um povo todo de desconfiantes e desconfiados, um binário aterrador, que só nos leva à destruição de todos os valores éticos e morais.

Esse procedimento compulsivo de multar e processar registro de todos os devedores, em listas negras, tem sido sempre a estratégia para fragilizar o próximo. Contudo, essa fonte, que, aos olhos do Poder Dominante, parece inesgotável, tende a exaurir-se ou, o que é bem pior, a detonar uma rebelião. Recuso-me a pensar nesta segunda hipótese. Temo que surja um *salvador da pátria*, lastreado no populismo demagógico para, logo em seguida, instalar uma tirania. A solução não pode ser esta. É necessário confiar no regime democrático e acreditar no poder do voto livre, independente e sem assistencialismo.

O País tem de ser confiado àqueles que tenham compromisso com o nosso mundo real, em que cada um seja senhor do próprio destino e, portanto, todos possamos realizar nossos fins, de acordo com os nossos ideais. É hora de tentar fazer de cada brasileiro o que ele, de fato, quer ser: um legal e livre proprietário de si mesmo, um cidadão legal.

1.2 O Poder do Estado Burocrático

Aristóteles deixou registrado, no seu livro sobre *A política*, que "o homem é um ser naturalmente sociável"[4], vale dizer, aberto à comunicação e, por isso, à comunidade organizada, entre outras formas, como cidade (a *pólis* helênica). E inferiu disso: "o Estado é um fato natural... e aquele que vive fora da sociedade devido a sua própria constituição e não por casualidade é, por certo, ou um ser degradado ou um ser superior à espécie humana"[5].

4 ARISTÓTELES. *A política*. Lisboa: Ed. Presença, 1965. p. 24.
5 Idem, ibidem, p. 24.

Ele chegou mesmo a sustentar que "quando está reunida, a massa percebe sempre as coisas com suficiente inteligência... Mas os indivíduos tomados isoladamente são incapazes de formar verdadeiros juízos"[6]. Em outros termos: "A natureza arrasta instintivamente todos os homens para a associação política"[7].

A história dos povos e a nossa memória e experiência pessoal dão inteira razão àquele filósofo, segundo penso: a economia, a cultura, a vida real, tudo é construção coletiva, política. Mas é óbvio que não haveria construção coletiva sem contribuição individual. Como é certo que nem todo edifício social denota ou produz avanço. A energia aglutinadora e conciliadora da criatividade potencial (do indivíduo) e efetiva (do grupo) reside na ordem concebida pela razão.

Considero o livre-arbítrio o toque diferencial da espécie humana e o nosso patrimônio, em qualquer sentido, inalienável. No entanto, também reconheço que, sem renunciarmos à nossa natureza, precisamos organizar as liberdades individuais, a fim de torná-las socialmente possíveis. Essa organização constitui a condição essencial da conquista de ganhos coletivos. Isso vale tanto para o campo da iniciativa privada como para o do setor público.

É nesse quadro da organização social do trabalho que nasce a burocracia. Com efeito, trata-se de uma estrutura permanente de atores e atividades, articulados em função, basicamente, dos princípios de racionalidade, hierarquia e impessoalidade. Daí, no domínio privado, as *administrações burocráticas* e, no domínio público, as *autoridades burocráticas*, para usar expressões de Max Weber[8]. Organização e burocracia, portanto, são fatos contra os quais seria vão argumentar.

---

6 Idem, ibidem, p.156.

7 Idem, ibidem, p. 26.

8 WEBER, Max. *Ensaios de sociologia*. 5. ed. Rio de Janeiro: LTC Editora, 2003. p. 138.

Se tais fatos aceito por inevitáveis e, mais até, instituídos como racionais, quer dizer, como exigência de racionalidade e bom senso, questiono-me até que ponto eles são razoáveis, ou em que medida e de que modo afetam o nosso cotidiano?

Com o propósito de assegurar racionalidade ao trabalho de muitos indivíduos, tenta-se canalizar as melhores e as mais nobres energias humanas para uma trilha em que não apenas se evitem desperdícios, como, acima de tudo, se elevem os níveis da produtividade geral. A burocracia nasce, pois, vocacionada para o progresso social mais ambicioso (máxima eficácia) e a economia de meios mais rigorosa (máxima eficiência). Se tão belo intuito não encontrasse, na prática, o mais contundente desmentido, eu não lhe negaria todos os louvores.

De outra parte, a idéia de hierarquia deveria corresponder a uma certa, e bem justificada, distribuição de tarefas e competências. Nas organizações, cresce a fatia de autoridade, na proporção em que se sobe na escala hierárquica, cresce, em princípio, o espaço a que se aplica. Assim, quanto maior o poder, maior a cadeia de subordinados. As atribuições gerais e os poderes caminham na direção do topo da pirâmide, deixando à base o que é específico e limitado. Percebo, nessa lógica, que a autoridade, nas organizações, é tanto maior, quanto menor seu vínculo direto com o objeto para o qual existe.

Isso, no final das contas, é o que propicia o caráter de impessoalidade à burocracia. Não importa mais a criatividade pessoal, na abordagem dos desafios, na exploração das possibilidades abertas ao avanço, na resolução dos problemas. Nem são os nexos pessoais entre os burocratas que fundamentam as atitudes e o comportamento deles. Normas explícitas, regras frias, processos pré-desenhados e minuciosos quebram todo o recurso à subjetividade. A cada um cabe tão-somente aplicá-los à risca.

O que surpreende, em síntese, é o fato óbvio de a organicidade e a racionalidade da burocracia conterem, nos seus fundamentos, suas fragilidades. Precisamos da burocracia, sem dúvida. Mas precisamos também estar atentos para não enaltecer esse ídolo de pés-de-barro.

Penso no poder como a capacidade, física ou psíquica, de indução do comportamento humano, numa dada direção. Em termos sociais ou políticos, eu o entendo qual efetiva possibilidade de conduzir os indivíduos de uma comunidade a agir no sentido do interesse coletivo. Trata-se, então, de uma vontade plural, sobreposta às vontades individuais, não para desfazê-las ou anulá-las, mas sim para garantir-lhes, com a anuência delas, uma ação convergentemente útil. Vale lembrar a distinção clássica entre pessoa e indivíduo: o Direito Positivo é definido em função da pessoa; já o indivíduo tem de subjugar-se ao bem comum, aos interesses da coletividade.

Para o economista Eduardo Giannetti[9], "muitas vezes, a preservação da liberdade requer um cerceamento de aspectos dessa liberdade. O que precisamos é chegar a um acordo sobre quais são as restrições adequadas para que possamos exercer nossa liberdade, todos ao mesmo tempo, da forma mais criativa e promotora da realização humana. A questão é: quais são as regras do jogo para que todos possamos realizar nosso plano de vida com o máximo de liberdade? A fronteira disso não é fixa e imutável para toda e qualquer época. Situações de calamidade pública ou guerras, por exemplo, sempre provocaram uma expansão da fronteira da ação coletiva, ou seja, do estado. Quando se está vivendo uma situação de emergência coletiva, as pessoas abrem mão e cedem muito da sua liberdade em nome de um objetivo comum, que é a proteção, a segurança e a

9 Folha de S.Paulo, ed. 23.10.05, cad. Mais!, p. 5.

sobrevivência". Aliás, Eric From também descreveu bem isso, no seu livro *Medo da liberdade*.

Veja-se também o caso da questão do referendo sobre a venda de armas. Trata-se de uma medida que tolheria certas liberdades de escolha. Como sociedade, poderíamos concluir que o exercício dessa liberdade causaria mais danos que benefícios. Foi por isso que me insurgi contra a Medida Provisória nº 2.045-2[10], com a ADIN nº. 2.290/DF, de 16.08.2000, para resgatar o direito de o cidadão comum adquirir sua arma, desde que obedecidos os parâmetros de segurança da sociedade, como um todo.

Isso quer dizer que, pelo menos em tese, o poder político opera como dispositivo redutor da competição interpessoal, comprometedora do sucesso de um grupamento humano, e, em contrapartida, amplificador da cooperação entre os membros dessa comunidade. Isso pressupõe a idéia de bem comum e o propósito de consegui-lo com o concurso de todos. Organizados com esse intuito, os homens constituem sociedades políticas. Nelas reside a vontade plural, o poder político.

Aquilo a que chamo Estado não passa de uma forma de sociedade política[11], institucionalizada como expressão máxima do poder. Organizado pela necessidade natural da convivência de seres livres, criativos e, por isso mesmo, surpreendentes e contraditórios, o Estado deve assegurar o bem comum, não, por certo, como algo univocamente entendido e aceito por todos, senão, ao menos, como expectativa média da sociedade ou, mais objetivamente, como interesse da maioria.

O que, porém, me inquieta é a circunstância de o Estado, segundo a análise precisa de Max Weber, constituir "aquela comu-

10 A MP 2.045-2 institui o Fundo Nacional de Segurança Pública, restringindo o registro de armas de fogo às Forças Armadas, a órgãos de segurança pública e empresas de segurança privada legalizadas.

11 Cf. AZAMBUJA. Darcy. *Introdução à ciência política*. 10. ed. São Paulo: Globo, 1996.

nidade humana que, dentro de determinado território... reclama para si (com êxito) o monopólio da coação física (violência) legítima"[12]. Caracteriza-se, ele acrescenta, como *organização de dominação*, que, exigindo uma administração contínua, "requer, por um lado, a atitude de obediência da ação humana diante daqueles senhores que reclamam ser os portadores do poder legítimo e, por outro lado, mediante essa obediência, a disposição sobre aqueles bens concretos que eventualmente são necessários para aplicar a coação física: o quadro administrativo pessoal e os recursos administrativos materiais"[13].

Em suma, para defender a liberdade, o Estado racional, moderno, com muita freqüência, sacrifica a própria liberdade. Promete a lei, a ordem e a segurança, como formas de organizar, harmonizar e preservar a convivência humana, mas ao preço de uma desumanização legitimada. Daí a força da "denúncia das perversões do poder"[14], feita por Etienne de la Boétie, no *Discurso sobre a servidão voluntária*, já em meados do século XVI.

A burocracia, se bem que não seja exclusividade da organização estatal moderna, constitui uma das suas marcas. E, por sua natureza, acompanha a evolução do Estado, incorporando e reproduzindo sua capacidade dominadora e implacável.

Reconheço que, em princípio, ela se presta ao exercício do papel de instrumento, em particular no que diz respeito aos sistemas de pessoal, de material e de recursos tecnológicos (processamento de informações, meios de comunicação, métodos de trabalho etc.). Configura-se como aparelhamento profissional, de que depende o funcionamento da administração de governo.

---

12 WEBER, Max. *Economia e sociedade:* fundamentos da sociologia compreensiva. 4. ed. São Paulo: UnB/Imprensa Oficial, 2004 v. 2, p. 525/526.

13 Idem, ibidem, p. 527.

14 LA BOÉTIE, Etienne de. Op. cit. p. 15.

O quadro de pessoal ou recursos humanos do Estado, devo admitir, ganha dimensão crescente, mas também qualidade sempre melhor e, o que me parece mais relevante, especialização. Nessas condições, eleva seus padrões de desempenho, na busca de se justificar, enquanto instrumento indispensável da ação pública e merecedor do crédito da sociedade.

Sob outro aspecto, a burocracia encarna a memória administrativa do Estado. Não me refiro à memória documental, a que bastariam as bibliotecas e os arquivos. Refiro-me ao conhecimento assimilado, à competência, à qualificação, à capacitação intelectual e técnica, sem a qual de nada serviriam os demais recursos. É o que exige a estabilidade dos funcionários públicos. Com efeito, a índole democrática da grande maioria dos Estados modernos, implicando a rotatividade dos ocupantes dos cargos eletivos e dirigentes de primeira linha, exige a permanência das pessoas que desempenham funções gerenciais, técnicas, operacionais e de apoio administrativo. Sem o concurso de tais servidores, a descontinuidade, a perda de rendimento ou a queda de qualidade da ação pública seria inevitável, pelo menos nos primeiros momentos de uma nova administração.

Por força dos seus grandes papéis, a organização burocrática estatal delineia-se em áreas de jurisdição fixas, com hierarquia de postos e níveis de autoridade, normas escritas, estáveis e aplicáveis por pessoas com treinamento especializado e dedicação importante do tempo ao cargo, ao qual elas chegam por processos seletivos e nomeação, e, então desenvolvem uma carreira. Também recebem um salário regular e, na idade acertada, uma pensão ou aposentadoria vitalícia. Tais elementos dão ao aparelhamento estatal um caráter de certa neutralidade, que o faz servir sob qualquer forma de poder[15].

15 FAORO, Raymundo. Op. cit. v. 2, p. 738.

Quando a burocracia se identifica com o "formalismo do Estado, sua consciência e sua vontade"[16], estamos diante do Estado burocrático por excelência. Nesse ponto, deixa de ser um meio e converte-se em máquina como que dotada de autonomia, vida e objetivos próprios. Então, no dizer de Raymundo Faoro, "o estamento burocrático comanda o ramo civil e militar da administração e, dessa base, com aparelhamento próprio, invade e dirige a esfera econômica, política e financeira"[17].

1.3 A Transição da Burocracia para a *Burocratocia*

Naturalmente, a burocracia acompanha a evolução do Estado na sua composição funcional. Como sabemos, a história atesta que pelo menos três funções foram sempre cumpridas pela organização estatal: a *lei*, a *ordem* e a *segurança*.

Com a *lei*, se estabelecem os marcos ou as precondições objetivas do relacionamento e convivência social. Ela define os direitos e deveres de cada um, de modo que praticamente recusa espaço à arbitrariedade. As liberdades individuais podem se mover, então, com o mínimo de atritos. A lei instaura uma força, de índole moral, no seio da comunidade humana.

A *ordem* é o resultado, de uma parte, do respeito à lei e, de outra, do emprego da força física, para assegurar a obediência à lei. Quando não basta a força da lei, recorre-se à lei da força, a fim de que se restaure o equilíbrio social. A máquina policial é a presença do Estado, responsável pela harmonia, no âmbito interno da sociedade.

A *segurança* tem a ver com a defesa dessa mesma sociedade contra as ameaças externas, no quadro das relações com outros grupamentos humanos. Ao aparato militar cabe esse papel. Não

16 Idem, ibidem, p. 737.
17 Idem, ibidem, p. 738.

raro, porém, tem ele conduzido à ruína muitos povos, movido por ambiciosas aventuras extraterritoriais.

À medida que o Estado se compromete com novos papéis, associados às dimensões sempre mais ricas das conquistas sociais, cresce também seu aparelhamento burocrático. Ora, o que vemos hoje acontecer? Chamo a atenção para as duas novas funções assumidas pela organização estatal contemporânea: a *promoção do desenvolvimento socioeconômico* e a *proteção do meio ambiente*.

A preocupação com o *desenvolvimento socioeconômico* remete à necessidade da indução voluntária do progresso coletivo nas áreas de: *dotação de infra-estrutura social* (rede de escolas e de centros de capacitação, rede de equipamentos de saúde e de difusão cultural) *e econômica* (energia, transporte, comunicação e tecnologia) *e transformação da base produtiva* (agropecuária, indústria, comércio e serviços), *bem como elevação dos padrões de qualidade da vida* (em termos de saúde, educação, habitação, saneamento e lazer). Não é difícil imaginar quanto se tem desdobrado o aparato burocrático estatal, para dar conta de tamanha complexidade de funções.

O outro campo recente da ação direta do Estado diz respeito aos *cuidados com o meio ambiente*. Considero plenamente justificada essa atenção, porquanto a base territorial das atividades humanas é patrimônio de toda a sociedade. Essa condição ambiental não tem como ser amparada, no seu todo, por quem a disputa, em particular. Ao Estado compete defender e restaurar esse raro e insubstituível patrimônio, que interessa tanto às gerações presentes quanto às que hão de vir. Tão grande, no entanto, tão diversificada, tão específica e tão pontual há de fazer uma tal defesa, que a máquina administrativa inapelavelmente se tem ampliado. Mesmo assim, é preciso cuidado, posto que o meio ambiente tem sido um campo fértil para os *burocrácios* de plantão. Isso pode causar o gigantismo estrutural do Estado contemporâneo, cujo peso descomunal sufoca a sociedade e aborta as iniciativas individuais, pelo que não lhe reconheço papel civilizador ou progressista.

Já registrei minha admissão da inevitabilidade da organização estatal, enquanto sistema de instituições e institutos, que formam o corpo tangível do poder político. Seu desdobramento administrativo e operacional, também irrecusável, revela-se na estrutura burocrática. Com freqüência, no entanto, esse desdobramento parece fora de controle, seja em termos quantitativos ou qualitativos.

Se a hierarquia, um dos pilares da lógica burocrática, representa certa distribuição do poder, quanto maior ela for, maior será a pulverização dele. O que, a princípio, se tomara por legítimo, vai aos poucos perdendo credibilidade e aceitação. Porque a sociedade, fonte e avalista da *autoridade burocrática*, não se revela disposta a percorrer um caminho sem fim, em busca do responsável pela resolução dos problemas objetivos que ela enfrenta, além do mais perdido, como agulha num palheiro.

Acresce, a tal inconveniente, o lado qualitativo da transferência do poder efetivo, por dentro da malha da administração pública. Não se sabe mais quem é quem, a quem ou a que instância recorrer. Mais do que diluição, há um drible, um disfarce de poder, algo moralmente inaceitável.

Sob esses dois aspectos, evolui-se rapidamente para a deplorável situação de ruptura do vínculo da burocracia com o seu objeto de atenção: a sociedade. O burocrata não mais trabalha para ela. Nesse caso, não estranha que a sociedade passe a rejeitá-lo, seja pelo fato de ele não cumprir o seu papel, seja pelo ônus correspondente à sua manutenção vitalícia.

O profissionalismo e a especialização exigidos para a formação do quadro de burocratas conferem aos que estão nos patamares mais elevados o *status* de aristocratas. Poderia parecer ideal uma sociedade servida pelos seus *melhores* integrantes. Mas aqui não estamos falando dos que servem, e sim dos que mandam. Conferir o poder aos melhores, sem uma escolha direta da maioria – precisamente este é o caso da burocracia –, não constitui garantia nem mesmo indício de bons resultados. A prova disso ocorre com freqüência, sobretudo quando essa elite possui ilustração intelectual suficiente para não se enganar e esperteza moral, com que se dá a enganar.

Outra modalidade de relevo, na organização e, mais especifica e freqüentemente, na *autoridade burocrática*, é a tecnocracia, o comando dos mais competentes no manuseio de certos recursos técnicos. A supremacia cognitiva cria o tecnocrata e faz dele alguém imprescindível. Somente ele tem o condão de equacionar, tanto quanto possível, com a magia das fórmulas matemáticas e estatísticas, todo e qualquer problema.

Em boa medida, o carisma dos tecnocratas prospera no rastro do descrédito deixado pelos políticos. Surpreendidos no contrapé das fragilidades éticas e no abandono dos compromissos políticos alardeados, os ocupantes de cargos públicos eletivos, nos poderes legislativos e executivos, perdem o encanto, o crédito e a criatividade. Nesse vazio de poder político, a tecnocracia faz-se presente e conquista prestígio e aí, como em uma metamorfose, o tecnocrata/burocrata transforma-se num *burocrácio*.

O tecnocrata/burocrata está a meio caminho entre o político, que propõe objetivos e decide sobre o que se deve fazer, e o burocrata, que instrumentaliza e executa decisões. De fato, ele assume as tarefas de classificar os desafios sociais, analisá-los, elaborar alternativas de solução e, aplicando seus dotes de sabedoria, selecionar as melhores, quando não a melhor. Sobra, quase sempre, ao legítimo representante do povo, assimilar o arrazoado sibilino, que lhe é apresentado, e proclamar uma escolha, que não foi sua. O tecnocrata/burocrata desdobra a decisão nos momentos e condicionantes exigidos para implantá-la. Ao longo de todo esse processo, o burocrata zeloso não perde oportunidade de garantir para si uma fatia relevante de prestígio e poder.

Não posso deixar de fazer aqui uma breve menção ao conceito de *estamento*. Para Max Weber, diferentemente de uma *classe* (social) fundada sempre em um interesse econômico claro e ligado à existência do *mercado*, um *estamento* funda-se em um interesse ou *situação de status*, uma honraria[18]. Para mim, é esse o caso da burocracia.

Conforme registro de Belmiro Castor, "os monarcas portugueses, ao invés de se aproximarem da aristocracia rural, cercaram-se por um 'estamento burocrático' (FAORO, 1970:19), formado por parentes e amigos do Rei, militares e funcionários leais, cujo poder e prestígio... derivavam... da proximidade com o poder administrativo. Em Portugal, o que nobilitava alguém era a intimidade com o Rei e a corte, tornando-o capaz de fazer favores, conceder ou negar autorizações, praticar pequenas e grandes vilanias contra inimigos e adversários, participar de bons negócios e receber favores e prebendas"[19]. Esse *estamento* burocrático apossou-se do Brasil. Daí, Raymundo Faoro haver escrito que "o estamento (burocrático), implantado na realidade estatal do patrimonialismo, não se confunde com a elite ou a chamada classe política"[20].

Nesse quadro, a burocracia tende a desenvolver uma política autônoma, como se gravitasse em órbita própria. Cria padrões

---

18 WEBER, Max. *Economia e sociedade*, v. 1, pp. 202/203; *Ensaios de sociologia*, p. 131.

19 CASTOR, Belmiro Valverde Jobim. Os contornos do estado e a burocracia no Brasil. In: *Burocracia e reforma do estado*. Cadernos Adenauer II, n. 3. São Paulo: Fundação Konrad Adenauer, 2001. p. 13.

20 FAORO, Raymundo. Op. cit. v. 2, p. 738.

peculiares de conduta, para ajustar-se às variações ambientais internas e externas, sem atentar para a sua natureza de mecanismo a serviço de uma política de Estado. De certa forma, ela mesma dita a política. Ela a implementa, fiscaliza e avalia tudo em relação aos seus próprios objetivos.

Chegado a esse ponto, em que, mudando de foco, de maneira tão radical, praticamente muda de natureza, o fenômeno da administração burocrática merece uma nova denominação. Afinal, a própria palavra *burocracia* tem inúmeras conotações. O étimo latino *burrus* (cor escura e triste) originou a palavra francesa *bure* (tipo de tecido que cobria as escrivaninhas das repartições públicas), da qual se derivou o termo *bureau* (mesa coberta por aquele tecido e, por extensão, escritório). No século XVIII, Jean Claude Marie Vincent (1712-1759), combinando os étimos *bureau* (francês, já designando escritório) e *kratos* (grego, significando poder), criou o termo *burocratie*, para traduzir a idéia de um poder exercido por meio dos escritórios e repartições públicas.

No momento, a prevalência dos objetivos dos burocratas sobre o interesse público, a que deveriam servir, e o seu apego ao poder, como a um fim em si mesmo, levam-me a propor a denominação de ***burocratocia,*** para designar a nova fase da organização burocrática. Por outro lado, tratando-se de uma disfunção, um desvio patológico em face do padrão de aceitável racionalidade, no organismo do Estado contemporâneo, sugiro qualificar de ***burocrácios*** os indivíduos que dão corpo, vida e ação à *burocratocia.*

Já seria uma contrafação violenta a burocracia assumir o papel de definir os fins que a sociedade deveria desejar e dedicar-se a cumprir. Em vez disso, o que lhe cabe é combinar, com eficiência e praticidade, os meios bastantes para a consecução de tais fins. Mais aberrante ainda é fazer-se a burocracia o seu próprio objeto e objetivo de ação. Ela captura, em seu favor, todos os meios e poderes do Estado. Descola-se, por inteiro, da realidade concreta, da qual nasce e para a qual existe. Cria um mundo novo, exclusivamente seu. Eis, em síntese, a *burocratocia*.

1.4 O Poder Dominante e o Poder dos *Burocrácios*

Burocratocia corresponde, nos dias de hoje, à *oligocracia*, uma das formas clássicas do poder político, segundo o modelo esquemático de Aristóteles. Para ele, havia dois grupos de organização do poder: um voltado para o interesse geral da sociedade e outro exercido em função dos interesses particulares[21]. No primeiro caso, ele identificou a *monarquia* (ou poder de um só), a *aristocracia* (o poder dos melhores e mais bem preparados) e a *democracia* ou *politia* (o poder de todo o povo). No segundo grupo, incluiu: a *tirania* ou *despotia* (contrafação da monarquia), a *oligarquia* (poder de alguns poucos espertos) e a *demagogia* (na época, chamada de, pejorativamente, democracia). Assim, a *burocratocia* equivaleria ao poder exercido por uma minoria, num confronto aberto com a luta generalizada, globalizada, pela conquista e consolidação da verdadeira democracia, enquanto "regime do povo, pelo povo e para o povo".

Essa expressão da *oligocracia* político-administrativa tem raízes e conexões profundas com outras expressões do poder, na sociedade. Uma delas é a *oligarquia* econômica, ou seja, o poder exercido por grupos de produtores e comerciantes, que ditam as regras e comandam os mecanismos de estruturação e funcionamento da base material em que se assenta a sociedade.

Outras expressões do poder também dão força à *burocratocia*: intelectuais, pesquisadores e cientistas, formadores de opinião, militares e, sobretudo, políticos. Articulados e dotados de sedutores recursos, aliam-se ao *estamento* burocrático, a fim

21 Cf. AZAMBUJA, Darcy. Op. cit. p. 26.

de assegurar a realização dos seus projetos. É nesse meio que se robustecem os *burocrácios*, levando cada vez mais longe sua influência e fazendo a maioria dos cidadãos servir às minorias sociais.

Embora desconheça a procedência e autoria, refiro-me aqui a um texto que bem esclarece esse fenômeno: Nos países de economia de livre mercado, sociólogos, como o alemão Robert Michels, têm destacado essas características do sistema burocrático, que configuram como um tipo de **oligarquia dos tempos modernos**, a qual deixou de ser um meio de organização para se constituir num grupo politicamente dominante. Segundo essa linha de pensamento, isso parece ser o resultado inevitável da própria dinâmica interna do sistema burocrático. Para Michels, dada a crescente complexidade e burocratização das grandes organizações modernas, todo o poder se concentra em sua cúpula, de forma que, em última instância, cabe a um pequeno grupo tomar todas as decisões importantes, muito embora ostensivamente se defendam idéias e propósitos democráticos. Trata-se do princípio conhecido como a *lei de ferro da burocracia*.

Evidentemente, é impossível que todos os membros de uma comunidade participem da tomada de decisões em relação a determinados assuntos, só acessíveis, muitas vezes, a quem possui conhecimentos técnicos especializados. Com isso, em organizações complexas, certas pessoas se tornam insubstituíveis, o que, somado à crescente influência desses **estratos oligárquicos** nos meios de comunicação social, faz com que o poder se concentre mais do que o conveniente.

A primeira conseqüência dessa concentração de poder é que a **oligarquia burocrática** tenta, por todos os meios, perpetuar-se no desempenho de suas funções e conservar os privilégios supervenientes, com o perigo de se tornar um *estado dentro do estado*. Sua influência na vida social pode ser tamanha que, de acordo com Michels, no caso de haver uma burocratização das organizações sociais de livre filiação, como os partidos políticos e os sindicatos, toda a estrutura democrática poderia ser abalada e substituída por um **estado oligárquico** de caráter mais ou menos aberto.

A formação desse mundo corporativo se dá, portanto, pela coalizão de forças, cujo objetivo é a neutralização de outros grupos de poder e cujos meios são o aliciamento, o suborno e a corrupção pura e simples. É contra esse conluio das oligarquias econômicas e políticas com o *estamento* burocrático, dando origem à *burocratocia,* que me insurjo. Porque me dou conta dos imediatos riscos e temo o que o futuro nos reserva, talvez nem tão distante, como muitos podem supor.

O que denuncio, com a veemência que posso imprimir ao meu desabafo, é a ameaça, que a *burocratocia* representa, contra a consolidação da verdadeira democracia, enquanto prevalência dos interesses e da vontade de todo o povo. Na verdade, o aprofundamento desse fenômeno tende a alargar o espaço de exclusão social, o que traz implícito o temor de uma catástrofe sem precedentes na história da humanidade.

A frieza, a princípio, e a voracidade, em seguida, com que agem os *burocrácios* e os oligarcas de vários naipes reduzem as oportunidades de incorporação da força de trabalho no processo produtivo. Ora, posta à margem da sociedade organizada, essa expressiva massa humana não encontra razões para se comportar segundo os dispositivos e normas pelos quais se sente excluída. Tenderá, nesse caso, a criar suas próprias regras, para assegurar a sobrevivência que lhe é vedada.

Exclusão social é negação da cidadania e, portanto, antítese do Estado Democrático de Direito. A invasão invisível da *burocratocia* trabalha contra ele e, no limite, contra a paz social. Ela patrocina a derrocada final da humanidade, *"o fim da História"*.

Não é mais a *burocratocia* um fenômeno de ocorrência esporádica. Ao contrário, está presente, de forma sistemática e permanente, na maioria dos Estados contemporâneos, especialmente nos países em desenvolvimento. Consolidou-se com a anuência explícita das elites econômicas, intelectuais e políticas e a indiferença silenciosa das bases sociais.

Uma vez desencadeado, o fenômeno propaga-se como por inércia e, a cada passo, vai-se imunizando contra eventuais tentativas no sentido de detê-lo. Daí os pífios resultados práticos dos muitos e dispendiosos programas e processos de desburocratização. Nenhum deles tem ido ao cerne da questão: a inversão de papéis, eficazmente conduzida pelos *burocrácios*.

Em instigante análise, Carlos Alberto dos Santos destaca as **bases teóricas** da burocracia estatal, como "parte de uma relação de dois níveis: um, principal (o eleitor) e o outro, agente (o político[22])". Ocorre, que "o agente do político é o burocrata-chefe (agente de segundo nível), responsável pelo serviço estatal desejado, realizado pelos burocratas a ele subordinados" (agente de terceiro nível, conforme retratado no Gráfico 1). Cito, aqui, parte substancial dessa abordagem, pelo que desnuda o fenômeno da burocratização, enquanto dado histórico.

Todo agente busca, antes de tudo e mais que tudo, realizar seus próprios objetivos. Por seu turno, o principal (o eleitor) nem quantitativa nem qualitativamente conta com as informações de que dispõe o seu agente (no caso, o político). Daí a necessidade de controle severo e permanente, para assegurar que o discurso político se materialize em benefícios efetivos do eleitor. Na prática, porém, esse controle é inviável. A fluidez do discipli-

22 SANTOS, Carlos Alberto dos. *Participação e eficiência burocrática:* o orçamenro participativo de Porto Alegre à luz da teoria econômica da burocracia. s.d. p. 1/5.

namento e os meandros do exercício da representação política tornam inócuas as tentativas de fiscalizá-la, no dia-a-dia, o que dá margem à prevalência dos interesses pessoais do agente.

Figura 1.1 A burocracia como relação principal/agente.

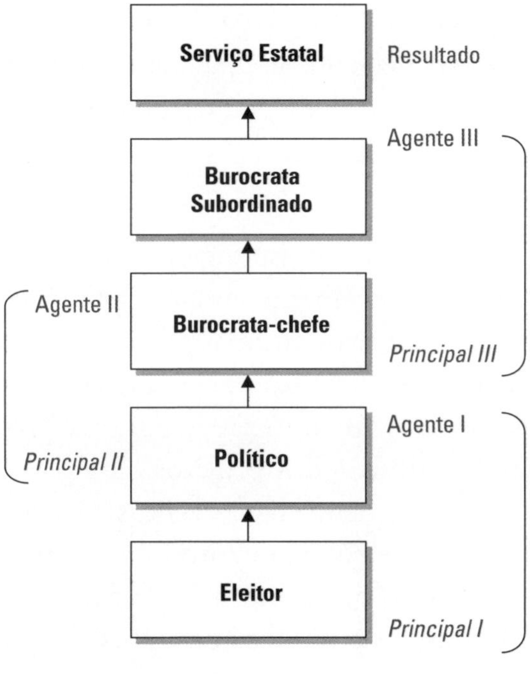

Fonte: Adaptado de Blankart (2001, p. 490)

É certo que, periodicamente, o político tem de submeter-se à avaliação do processo eleitoral, que poderá renovar ou não o seu mandato. No entanto, passado esse momento, ele se sente livre para promover seus projetos, sem ter de enfrentar o desconforto da pressão diuturna e da cobrança insistente dos seus eleitores. Por isso mesmo, não lhe é raro conquistar o mandato com um discurso e exercê-lo com outro, expressamente assumido e declarado, sem o mínimo de constrangimento e sem a menor preocupação com a falta de coerência retórica e ética.

A cadeia de intermediação prossegue com a relação do político, convertido em principal, com seu agente, o burocrata-chefe. Também aqui, inexiste completo domínio do principal. Eis a razão por que o desempenho da burocracia escapa, com freqüência, do campo das instruções por ele definidas. Afinal, o burocrata-chefe vale-se de informações específicas, a que não tem acesso o político. No esforço de conciliar a obediência às diretrizes recebidas do seu principal com a responsabilidade de cumprir os papéis da entidade pública que integra, esse burocrata sempre encontra e dilata espaços para a consecução dos seus projetos pessoais.

Para assegurar-se dessas vantagens próprias, o burocrata-chefe superestima o orçamento da área administrativa de que está encarregado, mesmo quando o apresenta sob várias alternativas, cada uma delas justificada pelas demandas da sociedade, também elas astuciosamente exageradas. As propostas acima do necessário à realização dos projetos ou à prestação dos serviços têm por objetivo neutralizar eventuais cortes, ao longo do processo de aprovação do orçamento ou já na fase de execução dele. Contando com o desconhecimento do político acerca dos custos reais das tarefas e serviços previstos, o burocrata o convence a empenhar-se pela aprovação dos gastos maiores. Então se invertem as relações de poder em favor da burocracia.

No terceiro nível de relações – agora do burocrata-chefe com seus subordinados –, dá-se o mesmo. Porque os interesses particulares desses burocratas constituem a sua prioridade. Relegam a segundo e terceiro plano as determinações do burocrata-chefe e o respeito à coisa pública, o atendimento das necessidades comuns da população, a que deveriam servir.

Esse comportamento decorre da própria natureza da burocracia estatal. Em verdade, não estando sujeita à lógica da concorrência, ela não é julgada por meio de critérios de eficácia, ou seja, pela realização dos papéis dela esperados ou dos objetivos e metas por ela anunciados. É avaliada, exclusivamente, segundo critérios de eficiência e mera formalidade, no sentido do desempenho, confrontado apenas com as normas ou regulamentos em vigor e jamais com os resultados alcançados.

Infere-se dessa análise que a ineficácia da burocracia estatal decorre da índole mesma dos agentes sociais, de cuja trama ela resulta. De fato, a sociedade elege os políticos (no tanto em que os supõe comprometidos com o bem comum), mas não escolhe os burocratas, nem como agentes dos políticos (por eles indicados para o comando de determinados campos de atividade) nem como executores finais das tarefas (destinadas a atender às demandas coletivas). A liberdade com que agem o político e a teia de burocratas, em relação ao respectivo principal, leva-os a desviar-se da missão a eles confiada. Uma vez no descaminho, resta-lhes, como desculpa e justificação, reinventar e distorcer as normas e as armas do serviço público, instaurando, assim, o desserviço público, alma e síntese da *burocratocia*.

Em suma, a *burocratocia* configura a ruptura completa e definitiva da organização estatal com a sociedade, que a legitima e sustenta. Aos *burocrácios*, todos os direitos. Aos cidadãos, os deveres. Com Etienne de la Boétie, "quero para já, se possível, esclarecer tão somente o fato de tantos homens, tantas vilas, cidades e nações suportarem às vezes um tirano que não tem poder senão o que lhe é dado; que só tem o poder de os prejudicar enquanto eles quiserem suportá-lo; que só lhes pode fazer mal enquanto eles preferirem agüentá-lo a contrariá-lo"[23].

Esses guardiões do estado (burocrácios) parecem demônios e monstros, figuras inesquecíveis que fazem lembrar produtos da mitologia clássica e da fértil imaginação de Dante.

As vezes me lembro dos versos do poeta em *A divina comédia*: "*Nel mezzo del cammin di nostra vita mi ritrovai per una sel-*

---

23 LA BOÉTIE, Etienne de. Op. cit. p. 20.

va oscura ché la diritta via smarrita" (No meio do caminho desta vida, vi-me perdido numa selva escura, porque do reto caminho me afastara).

Na verdade, recuso-me a repousar no anteinferno onde Dante colocou Celestino V, o Papa que abandonou o trono pontifício, isto é, o local onde estão os covardes e omissos, "*coloro che visser sanza infamia e sanza lodo*", ou seja, aqueles que viveram sem infâmia e sem louvor.

Os condenados que ali se encontram correm nus e desordenadamente atacados pelas vespas (burocrácios) e pelas moscas.

Em outros termos: a *burocratocia* perdurará enquanto, e somente se, nós nos omitirmos. E não consigo admitir que permitiremos.

2 O Brasil da *Burocratocia*

O subdesenvolvimento brasileiro tem muitos fatores causais. Não me deterei a explorá-los. Buscarei, aqui, assinalar apenas um deles, o que me afigura no momento atual o mais devastador: a *burocratocia*. Com efeito, desde os primórdios do Brasil, ela constituiu um entrave a qualquer possibilidade de progresso. Belmiro Castor assim resumiu o papel do *estamento* burocrático português transplantado para cá: "Quando o Brasil foi descoberto e o processo de colonização se iniciou, o estamento burocrático português rapidamente se apossou da nova terra. O Estado era uma força centrípeta a arrastar para seu núcleo tudo o que se passava na colônia, e a burocracia cartorial não perdeu tempo em se instalar e passar a controlar a iniciativa dos locais, submetendo-os ao mesmo processo que lhe havia garantido o poder na metrópole, ou seja, uma combinação entre o exercício de um rígido controle governamental sobre as atividades mais comezinhas, por um lado, e de recompensas generosas pela obediência e subserviência dos súditos, por outro. Na nova colônia, tudo o que fosse minimamente relevante, ou mesmo que não fosse totalmente irrelevante, dependia de autorizações, alvarás, cartas régias, concessões e permissões governamentais. Nada se decidia sem que o Estado fosse ouvido e assentisse; nada se decidia fora da capital do país, quando não da própria corte em Lisboa"[1].

---

1 CASTOR, Belmiro. Op. cit. p. 14.

Conquistada a independência, continuou o Brasil imperial a comportar-se pelos padrões do Estado patrimonialista da colônia. Com a República, nada mudou. Ao contrário, o aparato administrativo do País, na atualidade, encarna todas as perversões da *burocratocia*. Por isso, o sonho e as promessas de desenvolvimento socioeconômico não se concretizam.

Recorro, outra vez, a Belmiro Castor: "Dessa tradição colonial, guardamos duas heranças poderosas: a presença dominante do Estado, cujo braço político-administrativo, representado pela burocracia estatal, sempre foi personagem central na vida dos indivíduos e das organizações brasileiras; e o nascimento e fortalecimento de uma elite econômica fortemente associada ao Estado e dependente dele para obter proteção contra a concorrência, controlar administrativamente os preços, limitar artificialmente a oferta ou gozar de vantagens e subsídios na compra de matérias-primas e insumos industriais. Em outras palavras, instalou-se no país um *capitalismo protegido*, privativista na propriedade e semi-estatal na gestão. Essas duas heranças facilmente se amalgamaram e se transformaram em um modelo de política econômica que influenciou as decisões governamentais no Brasil por dois séculos. Mas foi no período de 1930-1990 que esse conúbio entre burocracia estatal e capitalismo protegido se transformou em espinha dorsal do desenvolvimento brasileiro moderno"[2].

2.1 O Estado Fiscalista da *Burocratocia*

Entendo por *Estado Fiscalista* o que se ocupa, predominantemente, com ampliar sua fatia na renda gerada pela sociedade. Aplica suas energias em controlar as atividades produtivas, de onde mais e mais arrecadar fundos. O que fará com eles é de somenos importância. Nele, como diria o compositor Chico

2 CASTOR, Belmiro. Op. cit. p. 15/17.

Buarque, "a lei nos vigia com olhos de raio X". Nada, ninguém lhe escapa.

Tantas funções assumiu o Estado brasileiro, ao longo do tempo, que, para dar conta delas, empanturrou-se de órgãos e quadros de pessoal, com uma desenvoltura espantosa. Nos três níveis da Federação – União, estados e municípios –, é praticamente incontável o número das repartições públicas, consideradas a administração direta, a indireta e as empresas estatais.

Somente no plano federal, eram, em junho de 2005, 1.971.378 os funcionários públicos ativos e inativos, civis e militares: 1.829.042, no Poder Executivo (92,7%), 34.401, no Poder Legislativo (1,8%) e 107.935, no Poder Judiciário (5,5%). Esse efetivo, entretanto (Tabela 2.1), não cobre todas as atividades esperadas do governo. Nem incorpora os trabalhadores das empresas ainda sob o controle do Estado. O *trabalho terceirizado*, amplamente mobilizado, de forma explícita ou camuflada, completaria a mão-de-obra a serviço, em princípio, da sociedade brasileira.

Tabela 2.1 Brasil – quantitativos de pessoal segundo os poderes da República.

(Posição em junho de 2005)

Poderes	**Ativos**		**Inativos**		**Total**	
	Núm. Abs.	**%**	**Núm. Abs.**	**%**	**Núm. Abs.**	**%**
Executivo	892.446	89,1	936.596	96,6	1.829.042	92,7
Civil	543.367	54,1	620.960	64,0	1.164.327	59,0
Militar	349.079	35,0	315.636	32,6	664.715	*33,7*
Legislativo	23.539	2,3	10.862	1,1	34.401	1,8
Judiciário	85.650	8,6	22.285	2,3	107.935	5,5
Total	1.001.635	100,0	969.743	100,0	1.971.378	100,0

Fonte: Ministério do Planejamento – Boletim Estatístico de Pessoal – nº 111.

Chamo a atenção para o contingente de detentores de cargos, funções, gratificações e postos de Direção e Assessoramento Superior (DAS), no âmbito do Poder Executivo: quase 68 mil, em meados de 2005 (Tabela 2.2). Só os DAS correspondiam a 19 mil (28,06% desse total). Não considero exagerados esses números, porquanto as relações seriam de um burocrata para cada grupo de 95 mil brasileiros (ou 1,04% da população residente do País) e de um cargo comissionado para cada grupo de 27 mil funcionários públicos do Poder Executivo (3,7% do total desses burocratas). Decerto, o quadro seria bem diverso se computasse os servidores públicos dos três níveis de Poder (federal, estadual e municipal). Mesmo assim, a minha crítica não se dirige ao quantitativo de burocratas, senão à qualidade da burocracia e, em especial, à sua conversão em *burocratocia*.

Tabela 2.2 Brasil – quantitativo de cargos, funções e gratificações do Poder Executivo 2005.

Especificação	**Quantitativo**	
	Num. Abs.	**%**
Cargos	4.283	6,30
Funções	39.507	58,10
Gratificações	5.124	7,54
DAS	19.083	28,06
Total	67.997	100,00

Fonte: Ministério do Planejamento – Boletim Estatístico de Pessoal – nº 111.

Naturalmente, isso tem um custo. Neste ano de 2006, por exemplo, o País está pagando R$ 99 bilhões (5,9% do Orçamento Geral da União, ou 18,7% do Orçamento Fiscal) aos funcionários ativos e inativos da União. Serão R$ 5,2 bilhões a mais, em relação aos gastos previstos até julho de 2005 (Tabela 2.3). Não serei injusto com tais servidores, atribuindo-lhes a responsabilidade pela carga de obrigações fiscais e tributárias sobre a Nação, a fim de poder mantê-los. Mas o fato é que eles têm servido de argumento à insaciável *burocratocia* brasileira, no sentido de drenar do povo e da sua base material de vida uma quota, nunca suficiente, do fruto do trabalho coletivo.

Tabela 2.3 Brasil – despesa anual de pessoal da União por Poder 2004/2005.

Poderes	**Gastos Totais**	
	R$ milhões	**%**
Executivo	76.897,6	81,9
Civil	55.129,6	58,7
Militar	*21.767,9*	*23,2*
Legislativo	4.026,9	4,3
Judiciário	12.738,7.	13,6
Transf. Intergovernamentais (exclui DF)	185,5	0,2
Total	93.848,5	100,0

Fonte: Ministério do Planejamento – Boletim Estatístico de Pessoal nº 111. Dados acumulados de julho/2004 a junho/2005.

Em artigo publicado pelo jornal *Folha de S.Paulo*[3], Fábio Konder Comparato admite que, no Brasil, "o povo... não pode nunca exprimir a sua vontade. Ele deve, portanto, ser permanentemente tutelado por aqueles que escolheu. Mas, então, protestarão os de sempre, as eleições não são livres neste país? É aí que reside precisamente a astúcia dos nossos oligarcas. O povo elege os que devem representá-lo na cena política, mas não pode nunca destituí-los. O povo escolhe os ocupantes de cargos políticos, mas não tem nenhum poder para fazer com que eles respeitem os direitos sociais declarados na Constituição Federal: não só o direito fundamental à segurança, mas também o direito ao trabalho, à saúde, à educação, à moradia, à reforma agrária, à previdência, à assistência social".

É por essa atitude geral, com que vê e trata a sociedade, que a burocratocia se torna sempre mais voraz. O Presidente da Associação Comercial de São Paulo, Guilherme Afif Domingos, denuncia que se "desperte no contribuinte a consciência de que a carga tributária pode diminuir, a burocracia recuar e, ao mesmo tempo, o Estado passar a oferecer as contrapartidas indispensáveis pela arrecadação, na forma de serviços, como educação,

3 Folha de S.Paulo, ed. 23.10.05, p. A3.

saúde, infra-estrutura e justiça. A fórmula é simples: mostrar quanto o cidadão paga de impostos, quando compra arroz e feijão, utiliza o telefone ou a luz elétrica ou contribui para a Previdência. O objetivo é racionalizar o sistema, eliminando burocracias e reduzindo a carga tributária em relação ao PIB".

"O problema", explica Afif, "não é só cair o imposto, mas cair a carga burocrática. Nós estamos trabalhando com 61 impostos ou tributos, entre taxas e contribuições[4]; então você tem uma *massaroca* tributária intransponível, o que gera um custo de administração também intransponível. Então, na verdade, o que nós precisamos no Brasil é um grande **Simples**[5]; você simplificar a estrutura dos tributos, tirando o ônus de cima das empresas. Você reduzindo a carga tributária – que hoje está em 40% do PIB – ao máximo de 25% do PIB, mas um PIB que seja o dobro do que aí está, você vai aumentar a arrecadação".

Em síntese, ele acusa o Estado brasileiro de haver-se convertido em *Estado coletor* (Quadro 2.1), "mas absolutamente sem contrapartida. Eu gostaria de saber a contrapartida que existe em educação, a contrapartida que existe em saúde, a contrapartida que existe em justiça, a contrapartida que existe em segurança... As empresas se transformaram em coletorias. Além do desvario tributário, a burocracia torna-se cada dia maior e mais onerosa. Mas não existem contrapartidas na educação, na saúde e na justiça. É preciso conscientizar e mobilizar a população para neutralizar os efeitos dessa estrutura massacrante".

---

4 Na realidade, são 77 tributos, compreendendo impostos, taxas e contribuições (Quadro 1), segundo o Portal Tributário.com.br/tributos.htm.

5 O Substitutivo da Comissão Especial, criada para apreciar Projeto de Lei Complementar do Super-Simples, converteu esse PLC na Lei Geral das Micro e Pequenas Empresas, cujos objetivos são os seguintes: "a) criação de um regime tributário único, compreendendo impostos federais, estaduais e municipais; e b) tratamento especial e simplificado para micros e pequenas empresas, no âmbito nacional". Hoje, existem "21 Simples" estaduais.

Considerando que, hoje, pagamos de carga tributária quase o dobro do que pagavam os inconfidentes mineiros, Afif Domingos sustenta: "Vivemos sob regime de trabalho escravo. Se trabalha cinco meses por ano de graça, só para fornecer recursos aos poderes públicos... A inconfidência foi uma rebelião contra o quinto recolhido pela Coroa. E o quinto era 20% sobre o que se produzia. Nós já estamos com o dobro do quinto e não vai acontecer nada? Vai acontecer uma insurreição, vai acontecer uma nova inconfidência".

Um agravante a toda essa carga fiscal é o pesadíssimo guante controlador da *burocratocia* brasileira. Essa mão onipresente e incontrastável vem impondo às empresas a função de controle dos seus próprios recolhimentos, bem como dos de outros contribuintes. Computando-se tudo, teriam elas de dar conta de, aproximadamente, 100 complexas declarações anuais, fazer demonstrativos e preencher minuciosos formulários, fichas e guias inumeráveis por exigência de uma enlouquecida *burocratocia* fiscal, que, além do mais, aplica severas multas por entrega dessa papelada auto-incriminadora fora dos prazos estipulados.

Semelhante encargo adicional implica um custo operacional não-irrelevante (estimado em algo variando de 3% a 4% das despesas, devido à contratação de força-de-trabalho contábil especializada só para cumprir o *calendário de obrigações fiscais*). Acresçam-se a tudo isso os valores exorbitantes das multas pelo descumprimento dos prazos de tais obrigações acessórias.

Apesar de tudo, a Receita Federal reconhece a existência de 4,2 milhões de empresas (60% das inscritas no Cadastro Geral de Pessoa Jurídica – CNPJ) operando em situação irregular. Isso bastaria para acender um alerta. Na verdade, por trás desse fato, não estaria a sanha arrecadadora do Fisco (vampirizando as empresas com a infinidade de impostos, taxas, contribuições e multas)? Não seria o excesso de regras e normas (inviabilizando a realização dos negócios e, pior ainda, o próprio atendimento das exigências) a causa dessa fuga empresarial em massa para o abrigo da marginalidade?

Quadro 2.1 Os tributos cobrados no Brasil – 2006.

Ordem	Descriminação	Sigla/ Entidade
1	Adicional de Frete para Renovação da Marinha Mercante	AFRMM
2	Contribuição à Direção de Portos e Costas	DPC
3	Contribuição ao Fundo Nacional de Desenvolvimento Científico e Tecnológico	FNDCT
4	Contribuição ao Fundo Nacional de Desenvolvimento da Educação, também chamado "Salário-Educação"	FNDE
5	Contribuição ao Funrural	
6	Contribuição ao Instituto Nacional de Colonização e Reforma Agrária	INCRA
7	Contribuição ao Seguro Acidente de Trabalho	SAT
8	Contribuição ao Serviço Brasileiro de Apoio a Pequena Empresa	SEBRAE
9	Contribuição ao Serviço Nacional de Aprendizado dos Transportes	SENAT
10	Contribuição ao Serviço Nacional de Aprendizado do Comércio	SENAC
11	Contribuição ao Serviço Nacional de Aprendizado Industrial	SENAI
12	Contribuição ao Serviço Nacional de Aprendizado Rural	SENAR
13	Contribuição ao Serviço Social da Indústria	SESI
14	Contribuição ao Serviço Social do Comércio	SESC
15	Contribuição ao Serviço Social do Cooperativismo	SESCOOP
16	Contribuição ao Serviço Social dos Transportes	SEST
17	Contribuição Confederativa Laboral (dos empregados)	
18	Contribuição Confederativa Patronal (das empresas)	

Quadro 2.1 Os tributos cobrados no Brasil – 2006. (*continuação*)

Ordem	Descriminação	Sigla/ Entidade
19	Contribuição de Intervenção do Domínio Econômico	CIDE Combustíveis
20	Contribuição de Intervenção do Domínio Econômico	CIDE Remessas Exterior
21	Contribuição para Custeio de Iluminação Pública	
22	Contribuição para o Desenvolvimento da Indústria Cinematográfica Nacional	CONDECINE
23	Contribuição Provisória sobre Movimentação Financeira	CPMF
24	Contribuição Sindical Laboral	
25	Contribuição Sindical Patronal	
26	Contribuição Social Adicional para Reposição das Perdas Inflacionárias do FGTS	
27	Contribuição Social para o Financiamento da Seguridade Social	COFINS
28	Contribuição Social sobre o Lucro Líquido	CSLL
29	Contribuição aos Órgãos de Fiscalização Profissional	OAB, CRC, CREA, CRECI, CORE etc.
30	Contribuições de Melhoria: asfalto, calçamento, galeria, rede de água, rede de esgoto etc.	
31	Fundo Aeroviário	FAER
32	Fundo de Fiscalização das Telecomunicações	FISTEL
33	Fundo de Garantia por Tempo de Serviço	FGTS
34	Fundo de Universalização dos Serviços de Telecomunicações	FUST
35	Fundo Especial de Desenvolvimento e Aperfeiçoamento das Atividades de Fiscalização	FUNDAF

Quadro 2.1 Os tributos cobrados no Brasil – 2006. (*continuação*)

Ordem	Descriminação	Sigla/ Entidade
36	Imposto sobre Circulação de Mercadorias e Serviços	ICMS
37	Imposto sobre a Exportação	IE
38	Imposto sobre a Importação	II
39	Imposto sobre a Propriedade de Veículos Automotores	IPVA
40	Imposto sobre a Propriedade Predial e Territorial Urbana	IPTU
41	Imposto sobre a Propriedade Territorial Rural	ITR
42	Imposto sobre a Renda e Proventos de Qualquer Natureza	IR
43	Imposto sobre Operações de Crédito	IOF
44	Imposto sobre Serviços de Qualquer Natureza	ISS
45	Imposto sobre Transmissão de Bens Intervivos	ITBI
46	Imposto sobre Transmissão Causa Mortis e Doação	ITCMD
47	INSS Autônomos e Empresários	
48	INSS Empregados	
49	INSS Patronal	
50	Imposto sobre Produtos Industrializados	IPI
51	Programa de Integração Social	PIS
52	Programa de Formação do Patrimônio do Servidor Público	PASEP
53	Taxa de Autorização do Trabalho Estrangeiro	
54	Taxa de Avaliação *in loco* das Instituições de Educação e Cursos de Graduação	
55	Taxa de Coleta de Lixo	
56	Taxa de Combate a Incêndios	
57	Taxa de Conservação e Limpeza Pública	
58	Taxa de Controle e Fiscalização Ambiental	TCFA
59	Taxa de Controle e Fiscalização de Produtos Químicos	

Quadro 2.1 Os tributos cobrados no Brasil – 2006. (*continuação*)

Ordem	Descriminação	Sigla/ Entidade
60	Taxa de Emissão de Documentos (níveis municipal, estadual e federal)	
61	Taxa de Fiscalização (Comissão de Valores Mobiliários)	CVM
62	Taxa de Fiscalização de Vigilância Sanitária	
63	Taxa de Fiscalização dos Produtos Controlados pelo Exército Brasileiro	TFPC
64	Taxa de Fiscalização e Controle da Previdência Complementar	TAFIC
65	Taxa de Licenciamento Anual de Veículo	
66	Taxa de Licenciamento para Funcionamento e Alvará Municipal	
67	Taxa de Pesquisa Mineral	DNPM
68	Taxa de Serviços Administrativos – Zona Franca de Manaus	TSA
69	Taxa de Serviços Metrológicos	
70	Taxas do Conselho Nacional de Petróleo	CNP
71	Taxa de Outorga e Fiscalização – Energia Elétrica	
72	Taxa de Outorga – Rádios Comunitárias	
73	Taxa de Outorga – Serviços de Transportes Terrestres e Aquaviários	
74	Taxa de Saúde Suplementar	ANS
75	Taxa de Utilização do MERCANTE	
76	Taxas do Registro do Comércio (Juntas Comerciais)	
77	Taxa Processual do Conselho Administrativo de Defesa Econômica	CADE

Fonte: www.portaltributário.com.br/tributos.htm

Para a *burocratocia*, porém, não interessa ir às razões efetivas da sua própria inépcia. Mais fácil é atribuir a ineficiência do sistema que ela gerencia à má-fé, à falta de escrúpulos e à esperteza das suas vítimas. Solução? Maior controle. Maior aperto. E aí vale a Lei de Parkinson: "na burocracia estatal, o número de funcionários cresce a taxa constante, independentemente da quantidade do trabalho existente, que se estende até que o tempo disponível se tenha esgotado"[6].

Ora, maior controle, maior contingente de controladores, maiores processos de controle, maiores volumes de recursos, maior tributação, maior sangria imposta à sociedade e à sua base produtiva. Essa perversa lógica flui tão natural e sutilmente, que encontra legitimação generalizada. Sem esse respaldo, faltariam chão e ar. Ou, para ficar com a mensagem de Etienne de la Boétie, não há governo ruim para povo organizado e determinado a ser livre.

Outro aspecto relevante do quadro problemático do Estado brasileiro: seu *descomunal endividamento*. Acumulado ao longo de anos e anos de má gestão, está estimado para meados de 2006 em R$ 1.350 bilhões. Isso compreende a parcela da dívida interna (R$ 950 bilhões) e a da dívida externa (R$ 396 bilhões). Portanto, o serviço da dívida consome, anualmente, 6,8% do Orçamento Geral da União. Neste ano de 2006, corresponde a R$ 113 bilhões. São recursos que a *burocratocia* brasiliense considera intocáveis. Mas que falta fazem ao povo brasileiro, a quem ela sonega educação, saúde, saneamento, segurança e infra-estrutura!

Entretanto, essa dívida tem um lado ainda mais inquietante: vem servindo de pretexto para a escalada da tributação. Com efeito, não dispondo de recursos financeiros para os investimentos exigidos pelo desenvolvimento econômico e social e para as despesas com os serviços do interesse da sociedade, o Estado

---

6 Apud SANTOS, Carlos Alberto Op. cit. p. 5

decide por extorquir as empresas e o povo, mediante criação ou prorrogação de tributos e contribuições ou elevação de alíquotas e tarifas. Tal processo precisa ser estancado, porque está levando o País ao risco de uma crise social sem precedentes.

Em certo sentido, portanto, a *burocratocia* e os *burocrácios* revelam-se não somente uma face ou reflexo do subdesenvolvimento. Constituem, no caso do Brasil, um fator ou condição do nosso teimoso subdesenvolvimento. Sob o primeiro ângulo, parece-me claro e inevitável que o *estamento* burocrático reúna elementos da cultura social em que viceja. É um resultado da passividade ambiente. Quanto, porém, ao aspecto do seu papel ativo, confesso minha preocupação e repulsa. Ela serve ao atraso. Um exemplo disso encontra-se bem retratado em editorial do *Jornal do Commercio*[7], do Recife, sob o título de *Burocracia contra o desenvolvimento*. É o que se segue.

"Na atual conjuntura econômica que vive o nosso País, um fator que tem prejudicado um maior e mais rápido desenvolvimento é a escassez de investimentos. Escorchado por juros altíssimos e impostos além da imaginação, em quantidade e percentuais, e sem confiança nas promessas e discursos oficiais, o empresário dificilmente se arrisca a fazer investimentos produtivos...

Além dessa conjuntura adversa, criada pelas políticas econômica e financeira que regem o Brasil há mais de dez anos, sem que seus autores se convençam de que ela pode anular décadas de políticas voltadas para o desenvolvimento e mais autonomia do País (isso já começa a acontecer)... quem quer produzir alguma coisa, abrir uma empresa maior, um pequeno negócio, tem que enfrentar uma burocracia retrógrada e gulosa que nos persegue desde a Colônia, e não dá mostras de perder poder.

7 Jornal do Commercio, ed. 03.10.05.

Tentativas de reforma administrativa, clamor público, nada é capaz de pôr fim à exigência de um reles reconhecimento de firma, sem que essa tenha sido contestada. Alegria dos cartórios. Herdamos de Portugal um Estado cartorial; só que a ex-metrópole, hoje integrada à União Européia, está conseguindo livrar-se dessa praga.

Agora mesmo, estamos diante de uma situação altamente prejudicial à já problemática economia nordestina... Alguns grandes projetos no setor de piscicultura estão impossibilitados de receber o financiamento, já aprovado, do Banco do Nordeste porque ainda não mereceram a aprovação de pelo menos cinco diferentes órgãos públicos. Os projetos são de grandes empresas... e envolvem mais de R$ 40 milhões de investimentos, algo raro na atual conjuntura que o País atravessa, pelos motivos que acabamos de expor. A exportação, que vem sustentando alguns êxitos da nossa economia, será o destino de 80% da produção a ser alcançada. O mercado é garantido.

Nada disso comove a inabalável, inalcançável e irremovível burocracia nacional. Os grupos que querem investir, no caso, na produção de tilápias em tanques-rede, aguardam, há até mais de um ano, licenças da Chesf, da Marinha, Ibama, Agência Nacional de Águas (ANA) e mais de uma Secretaria Especial de Aqüicultura e Pesca (Seap, uma criação inútil do governo Lula), sem falar em órgãos estaduais. É uma corrida de obstáculos", em que os burocrácios se deleitam.

2.2 Os Efeitos da *Burocratocia* sobre a Economia e a Sociedade

A grita contra a implacável burocracia fiscal no Brasil e seus efeitos desastrosos sobre o setor produtivo, as administrações empresariais e, na ponta, sobre os cidadãos e consumidores brasileiros, não é mais isolada. Por sorte, de todos os cantos do País, surgem desabafos contra essa voraz e insaciável máquina confiscadora. Já é sinal de que o limite do suportável já foi alcançado. A consciência a que se vem chegando detona e encoraja uma reação, não importa se ainda tímida e pontual. Para ilustrar o que escrevo, cito alguns títulos entre os inúmeros estudos e comentários sobre o tema: *Empresas têm que enfrentar caos tributário* (Fundação Instituto Capixaba de Pesquisa – Fucape, outubro de 2005); *Fórum discute propostas para reduzir burocracia fiscal* (*Jornal Metropolitano de Santa Catarina*, outubro de 2005); *Burocracia desrespeita espírito da livre iniciativa* (Beth Matias, da Agência Sebrae de Notícias, setembro de 2005); *A enlouquecida burocracia fiscal* (Felipe Bezerra Uchoa, da Siqueira Castro Advogados, julho de 2005); *Tributos e burocracia. Basta!* (Vice-Reitor do Centro Universitário Álvares Penteado – UniFECAP, fevereiro de 2005); *Atestado de ineficiência* (jornal *O Estado de S.Paulo*, agosto de 2004); *Excesso de burocracia, por si só, representa, na prática, pesado tributo* (Associação de Comércio Exterior do Brasil, outubro de 2002); *Excesso de tributos exige cada vez mais funcionários* (Câmara de Desenvolvimento Lojista Jovem de Caxias do Sul); *Burocracia fiscal – o custo excessivo da burocracia fiscal* (Marta Arakaki, coordenadora do Grupo de Estudos sobre Assuntos Tributários do CFC). Não seria exagero afirmar que há, na Internet, um número infindável de textos sobre o assunto, à disposição de quem quiser conhecê-los em pormenores.

Na verdade, tributo é caso típico de rejeição social. A lei o define como *prestação pecuniária compulsória*. A depender, porém, do peso da carga expropriatória, da sua contrapartida em serviços prestados e da confiabilidade dos homens públicos, que administram a soma dos recursos financeiros tomados dos cidadãos, a sociedade pode até conformar-se e tolerar a presa e a mordida ou bicada do leviatã[8]. No caso do Brasil, essas três condições não existem.

A carga tributária anda próxima dos 40% da renda nacional. Chegamos a tanto, em meio a crises, reais e fabricadas, aqui e ali, a juras de contenção da voracidade fiscal, bem como de honesta, competente e justa aplicação do dinheiro público amealhado, em função de um projeto de desenvolvimento nacional, alcançável no médio e longo prazo. O sacrifício pedido a cada um duraria, por isso mesmo, um curto e aceitável tempo. Os ajustes necessários, o equilíbrio inadiável das contas públicas e as promessas de *espetáculo do crescimento econômico*, de que derivariam os sempre sonhados avanços nos padrões de qualidade da vida pessoal e social, são apelos, hoje vistos como engabeladores do povo, para o aumento sem fim dos encargos tributários no País.

Somos demagogicamente convocados a um referendo sobre compra e venda de armas de fogo. Somos elegante e matreiramente intimados a um plebiscito sobre o sistema de governo que melhor nos conviria. Por que os *burocrácios* brasileiros e seus asseclas disseminados pelo País nos negam o direito de nos pronunciarmos, por esses mesmos dispositivos da democracia autêntica, sobre a carga tributária que nos asfixia e apequena, enquanto cidadãos, trabalhadores e empreendedores? Parece-me vê-los, com ares de superior e arrogante deboche, tripudiando da nossa incurável ingenuidade e, com refinada empáfia, atirando ao lixo tão simples e objetiva questão.

---

8 *Leviatã, ou a Matéria, a Forma e o Poder de um Estado Eclesiástico e Civil* é o título do famoso livro de Thomas Hobbes, editado em 1651. Jean-Jacques Chevalier adverte (em *As grandes obras políticas:* de Maquiavel a nossos dias. 3. ed. Rio de Janeiro: Agir, 1980, p. 65) que *Leviatã é um monstro bíblico, uma espécie de grande hipopótamo de que fala o Livro de Jó (cap. 40/41), precisando que* "não há poder sobre a Terra que se lhe possa comparar".

Por outro lado, não há setor de atividade ou organização social que se possa considerar, hoje, razoavelmente bem socorrido pela administração pública brasileira. A exceção é o setor financeiro, onde se refugia a elite da improdutividade nacional. Os lucros exorbitantes das instituições financeiras, no País, independem do cumprimento da sua função essencial de prover recursos à produção e ao comércio de bens e serviços. É que lhes basta comprar títulos do governo, remunerados com as maiores taxas de juro do mundo e pagos, como num sagrado ritual, com a pontualidade invejável dos mais precisos relógios. Mas é exatamente o volume da dívida pública e o seu encargo que, de uma parte, justificam o assalto fiscal ao cidadão e, de outra, retiram do Estado a possibilidade de prestar ao contribuinte os serviços que lhe deve.

Que a fúria arrecadadora do Estado brasileiro não se reverte em benefício da sociedade, ninguém desconhece. Além de sobrar-lhe muito pouco da renda auferida, para o atendimento das suas necessidades elementares, o povo acaba coagido a pagar por serviços que tem o direito de receber da organização estatal, como contrapartida à sua obediência fiscal. Somos, atualmente, um dos países mais inseguros e mais violentos do Planeta, mesmo no cotejo com outros em guerra aberta com vizinhos ou em conflagração interna. Ocupamos uma posição vexatória na lista das nações avaliadas pelo Índice de Desenvolvimento Humano (IDH) aplicado pela ONU. Isso, basicamente, devido aos baixos níveis de educação e de saúde. No campo da saúde, até regredimos, sob vários aspectos, como, por exemplo, no recrudescimento e no reaparecimento de doenças endêmicas, que supúnhamos erradicadas. Poucas são as esperanças de melhoria, em prazos razoáveis, à falta de investimentos e mesmo de gastos correntes compatíveis com a dimensão das demandas em segurança, educação, saúde, habitação e saneamento básico e ambiental.

Em um editorial, o *Jornal do Commercio*[9], do Recife, fez, a propósito, os seguintes comentários: "A primeira e definitiva constatação é a de que o consumidor e o empresário pagam hoje mais do que o dobro de impostos que eram pagos há quarenta anos. Passamos de 17,02% em 1964, para 36,64% do PIB em 2004. Pior: se a comparação for um pouco atrás, em 1947, a distância é bem maior. Pagávamos de impostos apenas 13,84% do PIB... De tudo isso decorrem as perguntas cujas respostas são do domínio público: em que melhorou a qualidade de vida dos brasileiros o crescimento da carga tributária? Temos menos miséria? São melhores os equipamentos sociais? Que lugar ocupamos em relação ao resto do mundo em desenvolvimento social? Somos uma nação mais justa, com mais distribuição de renda?"

Poderíamos pensar que, se os setores sociais não andam a contento, pelo menos a base econômica está confortavelmente bem servida. Não é o que ocorre. Certamente, o País vem passando por um período de relativa estabilidade nos preços e no valor da moeda. Há 10 anos, mantém-se com baixos índices de inflação. As taxas de crescimento, porém, não chegam à média de 5% ao ano, o que é, convenhamos, irrisório para uma população de quase 190 milhões, crescendo à taxa média anual em torno de 2%. Preocupa, ainda mais, a perspectiva de insustentabilidade do dinamismo dessa economia a que faltam investimentos de vulto em infra-estrutura, tecnologia e qualificação da força de trabalho. Vejo o País caminhando aos solavancos, enfrentando, no varejo, seus problemas estruturais e conjunturais, sem um plano de longo prazo a orientar as escolhas de caminho, no presente. Para uma Nação sujeita à sangria da carga tributária, nas cotas que nos são impingidas (perto de 40% do PIB), esse quadro só por milagre se pode manter.

9 Jornal do Commercio, ed. 06.11.05.

Se pudéssemos confiar nas elites dirigentes deste País! Mas, também nesse ponto, a *burocratocia* brasileira nos envergonha perante o mundo. Com raríssimas exceções, seus melhores quadros comportam-se de acordo com padrões políticos nem sempre em sintonia com a ética. Acreditam, maquiavelicamente, que "não precisam ser honestos, bastando parecer honestos". Mentindo como mentem, sem a menor cerimônia, não apenas deseducam o povo, como também tiram de si mesmos toda a possibilidade de merecer e conquistar a confiança e o crédito da população brasileira. Seus piores representantes, então, dispensam comentários, pelo tanto de reiterado e afrontoso comportamento de cinismo e corrupção, pura e simples, largamente escancarado à Nação e ao Mundo. O que aguardar dessa gente que "para uns tem uma palavra, para outros tem outra palavra... dessa gente de muitas palavras?"

Como vêm da elite os projetos de lei, para dar um toque de objetividade e impessoalidade ao que, por índole, é subjetivo e pessoal, não admira a multidão e, sobretudo, a inconstância das normas, que deveriam demarcar os espaços da convivência social. Trata-se de mais um golpe da *burocratocia,* que faz "o funcionamento das constituições, em regra, escritos semânticos ou nominais sem correspondência com o mundo que regem", conforme escreveu Raymundo Faoro[10]. Para ele, a sociedade não passa de um objeto de experimentação. Se a lei não serve aos seus propósitos escusos, astuciosamente elabora uma nova. Avilta, assim, o instituto da lei, como referencial estável das atitudes sociais e, portanto, da edificação de uma sociedade desenvolvida.

Lembro, aqui, a sábia lição de Aristóteles: "Se a melhora desejada é pouco importante, é claro que, para evitar o funesto há-

10 FAORO, Raymundo, Op. cit.v. 2, p. 739.

bito de mudar com demasiada facilidade as leis, convém tolerar alguns extravios da legislação e do governo. Mais perigoso seria o hábito da desobediência que a útil inovação... A lei, para fazer-se cumprir, não tem outro poder que o do hábito, e este só se forma com o tempo e os anos, de tal maneira que substituir ligeiramente as leis existentes por outras novas, é debilitar a própria força da lei"[11]. Ora, entre nós, segundo o Instituto Brasileiro de Planejamento Tributário (IBPT), de 1988 (quando foi promulgada a Constituição Federal em vigor) a 2005, a *burocratocia* conseguiu a proeza de editar mais de 225,6 mil normas tributárias (nos três níveis da Federação), média de 36 normas por dia ou 1,5 por hora (!).

O Presidente da Associação de Comércio Exterior do Brasil (AEB), em documento apresentado no XII Encontro Nacional de Comércio Exterior (outubro de 2002), assim se pronunciou: "A burocracia brasileira alcança níveis escandalosos, à medida que inibe o crescimento econômico, neutraliza e distorce o esforço para melhorar o social... Não se está propondo que o governo abdique de sua prerrogativa de cobrar, quando devido; fiscalizar, quando necessário; e controlar, quando se impõe. Mas tão-somente racionalizar o sistema como um todo, eliminando-se gravames marginais, trâmites, papéis, exigências e superposições de órgãos, sempre onerosos, supérfluos e irritantes. Enfim, substituir o papel, o carimbo e o exagerado contato pessoal de indução distorciva pela lógica da racionalização, da informatização e da prévia confiança, com responsabilidade... No comércio exterior, são quase 200 leis, decretos-lei e medidas provisórias, além de centenas de decretos, portarias, resoluções, decisões, instruções etc.".

11 ARISTÓTELES, Op. cit. p. 94.

Nesse sentido, relatório do Banco Mundial aponta que o segredo dos países que facilitam negócios não está na desregulamentação do mercado. Está em uma regulação eficiente, ou seja, em leis simples, procedimentos descomplicados e rápidos e em intervenções estatais focadas na garantia do direito de propriedade, bem como na disponibilização de serviços sociais de qualidade. Essas precondições contribuiriam muito para a redução da informalidade dos negócios e a elevação das taxas de crescimento econômico.

Por outro lado, uma vez que o Brasil cria um ambiente de terror fiscal e de cerco predador do Estado aos cidadãos e empreendedores, uma das possíveis escapadas é a sonegação. A rejeição do tributo assume, nesse ponto, uma atitude radical: simplesmente não pagar, desconsiderar a cobrança, não reconhecer a dívida, driblar o Fisco. Isso como forma de sobrevivência social. O *caixa dois* das empresas enquadra-se nesse processo, pelo menos a princípio. Uma vez nele, a lei da inércia faz o resto.

Segundo Guilherme Afif Domingos, "por força da carga tributária, e por incrível que pareça, o governo é sócio dos monopolistas... A pequena empresa torna-se informal e na informalidade é que tem origem a indústria da pirataria, que está ligada ao crime organizado. É uma informalidade explícita que se vê nas ruas, transformada em agentes distribuidores de mercadoria contrabandeada, pirateada e roubada. Hoje é impossível para as empresas seguradoras fazer seguros de transportes de medicamento, de vestuário, de alimentos e de eletroeletrônicos. Há uma verdadeira rede receptora e redistribuidora, utilizando a estrutura da informalidade. Para quem resiste a esse tipo de prática, é muito difícil concorrer. São 20 milhões de pessoas trabalhando na informalidade, segundo o IBGE".

Dentro desse alto índice da informalidade, o risco da desobediência civil é um fato. Com efeito, esse caminho tende a dois destinos igualmente perigosos: a desobediência, da qual falei, e a violência. A desobediência, do lado da sociedade, que se descobre objeto do capricho e petulância dos *burocrácios*. O resultado previsível é a convulsão social. A violência, do lado do Estado e, pois, da *burocratocia*, a pretexto da restauração da ordem. Estamos – e tomara que eu esteja errado – às vésperas do caos. Em crise, já estamos. E dá para ver a que riscos nos expomos!

Entendo por crise a prática impossibilidade de fazer uma crítica, um juízo dos fatos ou objetos com os quais lidamos. Ela se instala no ponto em que perdemos o critério ou elemento de referência com que confrontar as coisas e valorá-las. Uma vez, porém, que o nosso papel no mundo é ajuizar de tudo, o não fazê-lo perturba-nos, inquieta-nos e leva-nos ao desespero, no tanto em que nos põe contra a natureza. Daí a importância da comunidade e estabilidade dos nossos parâmetros, sejam eles princípios, modelos, métodos, medidas ou normas. A vida social carece deles, como válidos para todos os membros do grupamento humano. Mas carece também de que não sejam instáveis, voláteis, desmanchando-se no ar como nuvens. Do contrário, como saber o que é correto ou incorreto, verdadeiro ou falso e o que se deve fazer ou deixar de fazer em dado momento? Sem critério comum e estável, instalam-se a crise e a perturbação nos espíritos.

Acontece que os homens, não conseguindo sobreviver por muito tempo nesse estado de crise, tratam de criar, tão cedo quanto possam, os critérios que, substituindo aqueles tornados inúteis, imprestáveis, recomponham sua capacidade de julgar e decidir, ante os desafios que enfrentam. Quem, mais feliz no seu grupo, engendrou seu referencial satisfatório, sai, por isso mesmo, da crise, porquanto passa a saber posicionar-se no ambiente e a fazer as escolhas que, supostamente, realizam seus projetos.

A solução individual, porém, não sendo comum ao grupo social, pode ampliar a crise coletiva.

Se, de repente, alguém propõe outro critério ou parâmetro, sob o argumento de ser mais abrangente e melhor para o conjunto, ainda é possível discuti-lo com quem primeiro achou seu caminho para sair da crise. Mas, se esse novo paradigma, não obstante todos os méritos que venha a ter, é imposto, como costumam fazer os *burocrácios*, a resistência, no interior da sociedade, é inevitável e muitos indivíduos, mesmo ao risco da exclusão social, da condenação moral e da perseguição e punição estatal, preferirão suas próprias regras e a desobediência, aberta ou dissimulada. Do meu ponto de observação, considero que o Brasil já está nessa encruzilhada.

Na verdade, é assustador o número de pessoas e empresas que operam na informalidade, no narcotráfico, no contrabando, na pirataria, na sonegação, na corrupção desbragada, no crime organizado e nas muitas formas de sobrevivência não reconhecidas socialmente como legítimas. Se não é isso desobediência civil, ainda, temo estarmos bem perto dela.

O Sebrae contou, em São Paulo, 2,6 milhões de empresas funcionando na informalidade, o que corresponde a 67% do universo dos micro e pequenos negócios conhecidos no Estado (3,9 milhões). O IBGE, por sua vez, identificou, no País, 4,6 milhões de micro e pequenos empreendimentos legalizados, gerando 14,5 milhões de empregos e 20% do PIB nacional. Ao lado dessas empresas, encontrou 9,5 milhões não legalizadas, empregando 13 milhões de pessoas e contribuindo com 33,4% da renda nacional. É a recusa a pagar os altos custos da formalização que leva os empresários à informalidade. A resistência, mesmo assim, não os poupa dos *burocrácios* e maus políticos, que se beneficiam, extraindo propinas em troca de *facilidades*.

Em cenário semelhante estão todos os condicionantes da perpetuação do atraso do País. Os padrões culturais bem pouco melhoram. Em vez disso, preservam-se os índices precários de educação e de qualificação da força de trabalho. No quadro da saúde, tampouco se têm registrado avanços de monta, de modo que se mantém nele muito do que inspirou a *Geografia da fome*, de Josué de Castro, ou, no caso do Nordeste, *Morte e vida Severina*, de João Cabral de Melo Neto. A vida urbana acrescenta à precariedade dos equipamentos públicos a proliferação de favelas e invasões, e não mais apenas nas maiores cidades, mas também as médias e pequenas as acomodam. A deficiência dos sistemas de esgotamento sanitário é particularmente agressiva, mesmo nos grandes centros urbanos e, nestes, em áreas de moderna urbanização.

Para não ir mais longe, na descrição da problemática brasileira, ressalto apenas que a convivência social se revela comparável à dos países fraturados por impiedosas guerras civis. Para a nossa *burocratocia* tem faltado sagacidade para mobilizar a juventude, mediante um modelo de desenvolvimento nacional desafiador e objetivo, cujos valores a motivem bem mais do que os do narcotráfico, da contravenção e do crime organizado. Mas, preocupada com o próprio umbigo, ela ri dessa tarefa, que toma por ingênua e pueril.

Os padrões econômicos também não são brilhantes. Pela demora em fazer as transformações estruturais requeridas, ficamos patinando em círculo e vendo outras economias suplantarem nossos modestíssimos passos. Pelas escolhas equivocadas acerca do que deveria ser encarado como prioritário, nas estratégias espaciais, setoriais, sociais, institucionais e instrumentais, entre outras, anulamos muito das conquistas da sociedade e do próprio Estado. Enfim, pela inversão dos papéis constitucionais a que se deram nossos governantes, caminhamos em retorno ao absolutismo. Esse regresso acontece, por exemplo, quando um governo recém-empossado, no lugar de apresentar à Nação um plano claro sobre o que fará de concreto em prol do desenvolvimento social do País, encaminha ao Congresso Nacional projetos de lei ou de mudança de lei, que, em princípio, fixando o que deveria ser feito, seria da alçada e iniciativa dos representantes do povo e das Unidades da Federação. Mais estranho ainda é que o Presidente da República, imediatamente depois de haver jurado, com toda a pompa e cerimônia, "defender, cumprir e fazer cumprir a Constituição", proponha mudá-la, para ajustá-la aos propósitos e à competência da *burocratocia* (!). Gasta suas energias e seu tempo em fazer normas e deixa de aplicar as armas com que conta, para administrar o Estado e torná-lo útil à sociedade.

Por tudo isso, considero a astúcia da *burocratocia* responsável pelo que se conhece como *modernização conservadora*. O rótulo dos projetos socioeconômicos e político-institucionais carrega a conotação da modernidade. Em verdade, só tem adjetivo. O intuito é esconder o substantivo. Nada muda, a não ser para estreitar o circuito de favores mútuos entre *os donos do poder* e *o poder dos donos*, ou seja, os manda-chuvas da centralização política, no País, e os remanescentes coronéis da Guarda Nacional, em cada pedaço do Brasil. Eis a mísera herança que nos deixa a *burocratocia* pátria.

2.3 Como Agem os *Burocrácios* no Brasil

Lidando freqüentemente com os agentes da *burocratocia* brasileira, sobretudo por força dos negócios e empreendimentos que administro, tenho apreendido, não sem repulsa e profundo constrangimento, alguns dos seus despudorados mecanismos de intimidação e aliciamento. Quando lhes convém, no entanto, sabem camuflar e dissimular propósitos e comportamentos, com os quais conquistam adeptos e protetores.

A usurpação de papéis funcionais e, indo mais longe, conforme já frisei, papéis constitucionais é, talvez, a via mais radical, de onde se desdobram os malfazejos da *burocratocia* no Brasil. Recordo que a burocracia é instrumento do Estado, que, por sua vez, deve estar a serviço da sociedade. A *burocratocia*, porém, não somente rompeu seus vínculos com a sociedade, o que já seria de condenar, como se descolou até mesmo dos interesses do Estado, com freqüência ele também desviado do seu objeto. Voltada, assim, para si mesma, não é de estranhar que evolua para o mais completo autoritarismo.

Os *burocrácios* não chegaram ao superior patamar do poder, que ora empalmam, com atos ostensivos de arrogância. Sabem fazer-se amados pelo público, delegando as tarefas desgastantes aos burocratas de segundo e terceiro nível, a quem responsabilizam pelos eventuais deslizes e insucessos em que forem surpreendidos. Precisam estar de mãos limpas, para pleitear e conquistar, por merecimento, um quinhão sempre maior de poder. Sabem adular, quando conveniente, e, por esse caminho, se achegam cada vez mais do *príncipe*. Por isso, Maquiavel recomendou a este que os evitasse, permutando-os por homens sábios, e, ainda assim, advertindo que "só lhes permitisse responder ao que lhes fosse perguntado"[12].

Os *burocrácios* valem-se da fragilidade dos seus superiores e acabam fazendo-lhes a cabeça. O mestre florentino da política ensinara: "Não são os bons conselhos que fazem o príncipe sábio, mas, ao contrário, os conselhos são bons, se o príncipe é sábio"[13]. Como, entre nós, são raros os dirigentes sábios, de fato, os conselheiros, assessores, assistentes, consultores, *burocrácios* em suma, deitam e rolam.

São eles, ao fim e ao cabo, os que verdadeiramente dirigem o Estado. São eles que elaboram os projetos de lei, os projetos

---

12 MAQUIAVEL, Nicolau. *O príncipe; escritos políticos*. 2. ed. São Paulo: Abril Cultural, 1979. p. 99.

13 Idem, ibidem, p. 100.

socioeconômicos, os pareceres que os avaliam, os despachos de encaminhamento *a quem de direito*, as respostas aos pedidos de informação adicional, as emendas inevitáveis aos projetos originais, a estratégia de implementação do que for aprovado, as táticas de negociação com os diversos agentes sociais envolvidos com os interesses dos projetos em tramitação, os editais de concorrência para a execução dos projetos e obras, os pareceres de escolha dos vencedores das concorrências, os despachos de liberação de recursos, os termos de aprovação dos relatórios da execução dos contratos e convênios, as propostas de ajuste dos orçamentos, os relatórios finais de avaliação do desempenho e dos resultados dos projetos e obras etc. E, apesar de todo esse enorme poder, surrupiado ardilosamente de cima e de baixo, de um lado e do outro da hierarquia administrativa estatal, sempre estão ávidos por uma fatia maior.

Um mecanismo de conquista de *status* e legitimação de grande eficácia é o discurso ético, não importa se em completa ruptura com a práxis política. O *estamento* burocrático, como já foi abordado, costuma se passar por aristocrata, como se fosse constituído dos melhores e mais qualificados membros da sociedade a exercerem o poder. É o reduto da tecnocracia, onde pontificam os *burocrácios* do Poder Federal. São esses, para mim, os *burocrácios-mores* do Poder Dominante.

Eles se atribuem a suprema tarefa de difundir e defender o *discurso ético* da austeridade, responsabilidade, justiça, democratização, eqüidade, transparência, isenção, impessoalidade, competência, seriedade e lisura comportamental. Na prática, outro é o procedimento, ditado pelas conveniências políticas de ocasião. Então, vale o arbítrio, a desfaçatez, a mentira, a afronta à Constituição e à legislação dela derivada. Na prática, interessa conquistar legitimação e perpetuação nos cargos e nas funções de mando, tudo o que implica conquista e exercício do poder, não importando os meios empregados nem os custos que isso possa trazer ao erário público e, na ponta final, ao contribuinte e cidadão.

Essa lógica inviabilizou os diversos processos de reforma administrativa, já tentados no País. Em verdade, não obstante os discursos em sentido contrário, o que tem prevalecido é a forte vocação centralizadora, herança do Estado colonial, bem como a cultura do formalismo jurídico, pela qual as instituições se definem apenas pela ótica legal. Não posso deixar de acentuar, aqui, o fato de a *burocratocia* aprofundar a relação de sistemática desconfiança do Estado com o cidadão e com a sociedade, como se, ao buscar um serviço público, fosse movido pelo intuito de tirar vantagem escusa e não de simplesmente reivindicar um direito. Acima de tudo, o perfil autoritário da administração pública leva seus agentes a definir o que é melhor para o Estado e a sociedade e a tratar o cidadão como súdito e dependente dos interesses e da vontade do Estado.

Outro caminho, por onde andam com desenvoltura os *burocrácios* brasileiros, é pavimentado pela complexidade normativa e pelo formalismo legal. Paralelamente a isso, correm os trilhos do emaranhado dos procedimentos. Muitas idas e vindas à procura do esclarecimento ou da complementação de um processo, a cada vez contatando-se uma pessoa ou funcionário diferente, recebendo-se uma exigência adicional, uma nova recomendação, deparando-se com uma interpretação mirabolante, eis a tortura imposta ao cidadão, como recurso de afirmação da importância pública e da superioridade moral do *burocrácio*.

Como estamos no terreno da contrafação do que deveria ser, o arrogante funcionário do Estado deixa de lado um dos princípios da burocracia: a *impessoalidade*. Com efeito, basta tratar-se de algo em que vislumbre um ganho qualquer, uma leve possibilidade de vantagem, uma oportunidade de nepotismo, lá ele se apressa a mostrar sua capacidade técnica ou política de resolver os problemas, seja por explorar os meandros das normas, seja por usar o seu espaço de autoridade. Nada como complicar, para melhor *vender facilidades*.

Um escritório, uma repartição pública, em que tudo estivesse devidamente organizado, de tal modo que qualquer funcionário pudesse dar continuidade e andamento às tarefas, rotineiras ou não, constituiria o ideal weberiano da burocracia, mas, obviamente, o túmulo do perfeito *burocrácio*. Em diversas entidades públicas, já escutei a infausta confissão: "Aqui, quem sabe das coisas é seu fulano, dona fulana. Na sua ausência, nem consigo imaginar isso aqui funcionando!" A automação eletrônica é a grande ameaça a esse tipo de servidor público de interesse privado.

Naturalmente, o *estamento* burocrático sabe organizar-se em corporações vigorosas. Cria associações, sindicatos, cooperativas, ONG e, sobretudo, fundos, por meio dos quais se fortalece, conquista espaços, multiplica privilégios, que o seu discurso ético repudia no cidadão comum, e sangra a Nação com a mais absoluta frieza e a mais completa falta de pudor. Em qualquer circunstância, comporta-se como se as benesses, que recebe da sociedade, de quem tudo extorque e a quem pouco serve, não houvessem sido maquinadas, pleiteadas, traficadas e impostas afinal por ele. Invoca o *direito adquirido* e o *contrato jurídico perfeito*, consagrado pela Constituição da República, e tripudia dos cidadãos laboriosos, a quem nega um rabo de olho de mísera atenção.

Não poderia me conformar com esse estado de coisas. Como cidadão, pago, indignado, essa conta. Solidário com os demais brasileiros, recuso-me a continuar testemunhando, de braços cruzados, tal acinte. E não me permitirei deixar de clamar contra semelhante obscenidade.

3 Idéias *Antiburocratocia*

Nos últimos 70 anos, o Brasil converteu-se num país economicamente maduro. Contudo, essa travessia foi muitas vezes interrompida por graves episódios políticos, que produziram descontinuidade em muitas ações, levadas a efeito pelo governo e pela sociedade. Restauradas a normalidade institucional e a vivência democrática, cabe instaurar-se um conjunto orgânico de políticas públicas, voltadas para a edificação de uma sociedade próspera, justa, solidária, responsável, criativa, livre e soberana.

Não posso esquecer o papel do Brasil em um Mundo cada vez mais unificado ou, como se prefere dizer, globalizado. Nesse contexto, há vantagens a explorar e desvantagens a exorcizar. Temos de tirar partido das nossas inumeráveis e imensas riquezas, frente a outras nações. Pois o que proponho é "um Brasil para os brasileiros" e, nesse sentido, a consolidação do grande mercado interno, constituído de uma população de quase 190 milhões.

No entanto, para caminhar nessa trilha do desenvolvimento, teremos de vencer não somente as resistências dos interesses transnacionais, senão também o *querer* da nossa classe política e dos *burocrácios maravilhosos*, estes, em sua maioria, amarrados a teorias aprendidas em universidades estrangeiras e comprometidos com valores e ideais que não são os nossos. Do conhecimento, não se pode abrir mão. Todavia, ele deve servir aos interesses do País e do seu povo e não a conferir, a quem o possui, o poder da dominação, capaz de impedir que o Brasil dê a largada definitiva rumo ao desenvolvimento.

Em todo o período a que fiz referência, poucos foram os momentos em que nossos governantes mobilizaram a sociedade brasileira e quebraram as amarras da *burocratocia*, para executar planos, programas e projetos que, traduzindo, em termos operacionais, estratégias criativas e políticas instigantes, estivessem enraizados na realidade histórica do País. Aos *burocrácios* interessa o faz-de-conta explícito, que lhes assegure, implicitamente, o poder e a subjugação nacional. Para destruir a bastilha em que se acoitaram, precisaremos inovar em matéria de política social, econômica, tributária, institucional e eleitoral, entre outras.

3.1 Política Socioeconômica

A política econômica de qualquer país tem nas políticas tributária, fiscal e monetária suas principais vertentes. Nelas se definem as fontes de receita, os gastos públicos e o controle da moeda. Seus corolários são as políticas de seguridade social, de segurança, institucional e administrativa.

Não tenciono me arvorar em formulador de uma nova política socioeconômica nacional. Direito, certamente, não me falta para tentá-lo. Mas, por filosofia de vida, prefiro confiar essa tarefa à própria sociedade brasileira, sob a liderança de quem ela tiver livremente escolhido. Mesmo assim, posso – e estou certo de que devo – indicar algumas linhas, que não haveriam de ser esquecidas ou desconsideradas em qualquer esboço de um Projeto Nacional de Desenvolvimento.

O que me interessa sobremodo ressaltar é o bloqueio dos caminhos por onde os *burocrácios* costumam transitar, capturando, em seu favor, as melhores idéias para a efetiva modernização da sociedade brasileira. Em outros termos: qualquer política, qualquer estratégia, qualquer plano, visando ao progresso deste País, terá de incorporar, desde os seus fundamentos e momentos primeiros, dispositivos e mecanismos *antiburocratocia*. Do contrário, tudo não passará de reedição dos nossos passos e hábitos coloniais, num mundo que se integra planetariamente e lança olhares para horizontes futuros, sempre mais desafiadores.

Antes de tudo, é preciso ter consciência clara do referencial finalista, para onde a sociedade deseja ir. E fará isso, estimulada a pronunciar-se amplamente, por todos os meios de comunicação ao seu alcance, por todas as formas e processos de organização e participação e por intermédio dos seus legítimos representantes no Congresso Nacional. Não cabe ao Poder Executivo definir o *dever ser,* o conjunto de objetivos nacionais, os valores desejáveis, os parâmetros e critérios de valoração da construção do desenvolvimento do País. Qual é o tipo de sociedade que queremos ser, que padrões de qualidade de vida queremos alcançar, que Estado e, portanto, que burocracia queremos ter? Isso tudo não são questões dirigidas ao Poder Executivo. Ele deve existir em função de uma norma. E a norma é ditada pelo povo, diretamente ou por sua representação no Congresso Nacional. A *burocratocia* esbalda-se na inversão de papéis: fixa os fins e, naturalmente, as condições para realizá-los, salvando com isso a própria pele e instituindo-se como *salvadora da pátria.* Importa não lhe dar ensejo a isso.

Assim, delineada a sociedade desejada, a política econômica se estrutura, explicitamente, para realizá-la, ponto por ponto, passo a passo. Desse modo, os padrões de desenvolvimento humano e social não serão mera decorrência do desempenho das atividades econômicas. Em vez disso, serão a referência, o motor, a causa, o fator indutivo da organização e do funcionamento da base produtiva, em que se assenta a sociedade. Então, sim, o Poder Executivo terá de reunir e coordenar os meios, para tornar concreto o Projeto Nacional, que lhe dará o balizamento do campo de ação.

Como, até hoje, os *burocrácios* têm sido os responsáveis pela formulação dos planos nacionais, todas as propostas, por sua índole (de exclusão social efetiva, embora não retórica), por sua linguagem (de sofisticada e arrevesada tessitura) e por sua condução (de pretensiosa auto-atribuição), são vedadas ao povo. Por isso mesmo, ou a sociedade não sabe para onde está indo, ou, se vagamente o sabe, não se sente motivada para a caminhada e os sacrifícios inevitáveis, ou não tem elementos para avaliar a ação do Estado e cobrar-lhe a responsabilidade pelos desvios de rumo. Portanto, não basta ao povo assumir que futuro deseja e quer. Tem de mobilizar-se, organizar-se e participar de todas as instâncias políticas, única forma de legitimar, viabilizar e executar o Projeto Nacional.

Nada mais frontal e poderosamente contrário à *burocratocia* do que um povo que decide, ele mesmo, exercer o poder, determinar o que lhe convém, fazer suas escolhas, tornar-se o centro das atenções de todas as formas do Poder Público. É a tal revolução, autenticamente democrática, porquanto definida pelo povo, voltada para o povo e conduzida pelo povo, que deve servir a política socioeconômica. Nesse caso, não temeria dizer que, à semelhança de outras nações do Mundo, o Brasil poderia alcançar invejáveis patamares de desenvolvimento sustentável, em prazo não superior a duas décadas.

Quando me refiro a desenvolvimento sustentável, penso em uma sociedade criativa, solidária, justa, saudável, responsável, segura, pacífica, autoconfiante, livre e soberana, na exploração ajuizada e desimpedida de todas as oportunidades de aprimoramento, que ela mesma engendra ou adota como válidas. Chegou a tanto, construindo uma base econômica dinâmica, próspera, sustentável, orgânica, produtiva, competitiva e, simultaneamente, cooperativa, mas, em todas as circunstâncias de espaço e tempo, orientada para o tipo de sociedade pretendida e valorada pela aproximação ou afastamento dessa meta.

Acredito na possibilidade da construção do Brasil com esses traços e sob tais condições. E sei que o maior de todos os entraves à sua objetivação não está no ambiente externo. Está na alma do Estado e no coração do Poder Dominante. Está na *burocratocia*, mancomunada com as felizardas e poderosas frações da sociedade, que se beneficiam com a pobreza, a fragilidade e o silêncio da maioria. Eis por que os sonhadores com um País diferente deste – marcado, com ferro e fogo, pela exclusão social, pela violência de toda sorte, pela injustiça, pelo distanciamento dos povos desenvolvidos, pelo desequilíbrio fiscal, pela impotência do Estado e pela injustificável dependência de credores internos e externos –, nem sequer podem contar com o espaço indispensável ao debate desses temas. Logo são desqualificados, como ineptos, até mesmo para propor o debate. A arrogância dos *burocrácios* acaba triunfando sobre o silêncio dos excluídos e lança uma pá de cal sobre as idéias inovadoras, que vêem como ameaça ao conforto dos seus postos de poder e dominação. John Maynard Keynes já o registrara magistralmente: "A dificuldade não reside nas idéias novas, senão em fugir às antigas, que se insinuam pelos escaninhos do entendimento daqueles que, como quase todos nós, receberam a mesma formação"[1].

3.2 Política Tributária

Os países desenvolvidos têm em seu sistema tributário a base para o progresso que alcançaram. Há muito, seus governantes compreenderam que a alta carga de tributos é sinônimo de atraso e subdesenvolvimento. O Brasil tem uma pesadíssima carga – perto de 40% do Produto Interno Bruto – cujo ônus recai de modo mais cruel sobre empresas formais e trabalhadores com carteira assinada como forma de compensação ao elevado nível de sonegação de impostos.

1 KEYNES, John Maynard. *Teoria geral do emprego, do juro e do dinheiro*. Rio de Janeiro: Fundo Cultura, 1964. p.11.

Além disso, é impressionante a variedade de impostos, taxas e contribuições (77, ao todo), que inibem a atividade produtiva e a conseqüente criação de riquezas e de empregos estáveis, além de nutrirem um vigoroso *estamento burocrácio*. A proliferação de regras no Brasil é algo impossível de ser acompanhado pelos profissionais que atuam na área fiscal das empresas. O risco é enorme e a probabilidade de erros faz com que as empresas muitas vezes sejam intimadas pelo Fisco para explicar atos sobre os quais recaem a suspeita de fraudes. Para se ter uma idéia da insanidade que reina na legislação tributária do País, de 1988 a 2004 foram editadas quase 220 mil normas que tratam de impostos. Isto equivale a 55 novas regras tributárias por dia útil. São decretos, leis, emendas, medidas provisórias e normas complementares que os Fiscos municipais, estaduais e federal editam com a intenção de corrigir imperfeições, mas acabam tornando a estrutura cada vez pior.

Essa proliferação de normas e procedimentos em meio a um sistema predominantemente declaratório gera custos acessórios de grande monta para o setor produtivo brasileiro. Em função desta realidade absurda um importante componente na questão tributária do País tem despertado a atenção de técnicos e acadêmicos. É o custo de conformidade a ser suportado pelos contribuintes. Este ônus corresponde aos desembolsos necessários ao cumprimento da legislação tributária. Este peso morto chega a 0,75% do PIB na média das empresas abertas e podem alcançar 5,82% do PIB nas companhias abertas com receita bruta anual de até R$ 100 milhões.

Isto implica dizer que, além da receita efetivamente arrecadada de quase 40% do PIB, o esforço tributário ainda exige pelo menos outros 0,75% (ou 5,82%) do PIB para o custeio das obrigações tributárias acessórias e para as despesas do pesado contencioso tributário existente.

Uma verdadeira e justa reforma tributária deveria, pelo menos, preencher quatro requisitos básicos: (*i*) sustentação do crescimento econômico; (*ii*) promoção da justiça social; (*iii*) fortalecimento da Federação; e (*iv*) redução das escandalosas desigualdades regionais e sociais[2]. Como decorrência da simplificação estrutural (na composição das fontes) e funcional (na sistemática da cobrança dos tributos), o novo sistema cortaria os veios principais do suprimento alimentar da *burocratocia*.

Contudo, em que pese o sentimento de toda a Nação, presa fácil da sanha arrecadadora da União, dos estados e dos municípios, o avanço na economia dos cidadãos e das empresas tem sido avassalador. A carga tributária brasileira, enfatizo, evoluiu de 25,8% sobre o PIB, em 1993[3], para cerca de 37%[4], em 2005. Esse aumento brutal de 43%, em doze anos ou, praticamente, um ponto percentual a mais, a cada ano (!), configura uma afronta, uma violência e uma estupidez, no tanto em que, afora não ter resolvido o problema financeiro do Estado, vem agravando os problemas sociais do País.

Na condição de deputado federal por Pernambuco (1999-2003), fui incisivo e lutei por uma autêntica reforma tributária, capaz de livrar o Brasil da insanidade que os *burocrácios* e o Poder Dominante nos impõem. Nesse sentido, elaborei em 1999, Proposta de "Emenda substitutiva à Proposta de Emenda Constitucional nº 175-A/95", sobre a criação do ***Imposto Único***, instrumento eficaz de promoção da justiça entre todas as classes sociais e de facilitação da vida de pessoas físicas e jurídicas.

---

2 BIVAR, Luciano. *Cartilha do imposto único federal:* o Brasil precisa desse imposto. Brasília: Câmara dos Deputados, 2002. p. 23.

3 BIVAR, Luciano. Op. cit. p. 7 e IBPT – Instituto Brasileiro de Planejamento Tributário. *Carga tributária sobre o mercado interno brasileiro*. Curitiba, 2005. p. 3.

4 Previsão minha.

Os *burocrácios* de ontem e de hoje, encastelados no poder, tramaram contra a inovação consubstanciada no projeto do *Imposto Único* e outras propostas similares, preferindo o emaranhado de leis, normas e procedimentos de qualidade discutível[5], para garantir o domínio sobre a vontade e a liberdade dos contribuintes. Como resultado disso, a Proposta de Emenda Constitucional (PEC) nº 175-A, de 1995, foi arquivada, enquanto a votação de uma segunda PEC, a de nº 41/03, teve parte aprovada, tornando mais complexa a vida do contribuinte. Tanto as PECs nºs 175/95 e 41/03 como a do *Imposto Único* sofreram intransigente oposição política dos estados mais poderosos da Federação e dos segmentos ligados à *burocratocia* nacional, mesmo naqueles pontos que visavam apenas a algumas mudanças cosméticas no sistema em vigor.

A primeira experiência de *imposto único* – "sobre o valor da terra"– surgiu nos Estados Unidos, proposta pelo economista Henry George, em 1879, no seu livro *Progress and poverty*. No Brasil, o escritor Monteiro Lobato, pouco antes de falecer, em 1948, publicou um livreto, destacando o fato como *maravilhosa solução* e apoiando sua introdução no País. Parecendo incorporar a sugestão de Lobato, a sociedade brasileira adotou a idéia do *imposto único*, mas, num tragicômico absurdo, passou a conviver com vários *impostos únicos* (sobre minerais, combustíveis e energia elétrica), os quais perduraram mesmo depois da reforma tributária de 1965, só vindo a ser extintos a partir da Constituição de 1988.

Em princípio, a incidência de um só tributo sobre as movimentações de renda, circulação e comercialização de mercadorias, compra e venda de serviços e transações financeiras propiciaria o desejável desenvolvimento sustentável do País. Sua

---

5 Um bom exemplo disso é que o Brasil convive com 43 alíquotas e 27 legislações diferentes do Imposto sobre Circulação de Mercadorias e Serviços (ICMS).

alíquota seria ajustada, de forma que não permitisse a redução dos atuais níveis de arrecadação, inclusive porque a sonegação ficaria próxima de zero, fazendo com que a receita tributária da União, dos estados e dos municípios tendesse a valores nunca antes atingidos. Nele, se realizaria a máxima segundo a qual "onde todos pagam, todos pagam menos".

Um sistema tributário centrado no *Imposto Único* seria valioso instrumento de promoção da riqueza e do progresso nacional. Também contribuiria para melhor distribuir a renda entre pessoas e regiões, criar empregos, baratear mercadorias e serviços e fazer justiça social. Ao contrário disso, o nosso sistema tributário é caótico, injusto e atrasado. Distribui mal a arrecadação, privilegia castas, concentra investimentos em determinadas partes do País (as mais ricas), em detrimento das outras (as mais pobres).

A *taxação dos alimentos* e a *generosidade fiscal com os bancos* são exemplos dessa injustiça e iniqüidade do atual sistema. Os alimentos são taxados por cerca de 48 tributos, que participam com nada menos do que 34% dos seus preços finais. (Na França e, de resto, na Europa, não passam de 8%.) Segundo relatório da Receita Federal, *cerca de metade dos bancos instalados no Brasil não pagou um real sequer de imposto de renda em 1998 (!)*.

Precisamos, portanto, fazer algo que nos aponte uma perspectiva alentadora de estabilidade das regras, de redução da Carga Tributária Bruta (CTB), de enxugamento da máquina de arrecadação e de minimização do déficit fiscal, no País. Com a cobrança eletrônica do tributo pelo sistema bancário, a União economizaria cerca de 3% do PIB (perto de US$ 25 bilhões, neste ano de 2006), gastos com sua máquina arrecadadora. Em compensação, o cidadão e as empresas seriam dispensados da declaração do imposto de renda, das notas fiscais e de todo um aparato de recibos, comprovantes e registros de contribuições, enquanto os empreendedores poderiam dispor de condições para planejar suas atividades, abrindo caminhos rumo à desejada modernidade.

Simplificado o sistema tributário, sobrariam aos governos mais tempo e dinheiro para melhor assistir suas populações. Por outro lado, as transferências da União para estados e municípios, bem como os investimentos federais na infra-estrutura, seriam efetivamente acompanhados pela sociedade organizada, ensejando o exercício pleno da cidadania.

A justiça social começaria por aí, evitando-se a atual manipulação na alocação dos recursos arrecadados, sempre em detrimento das regiões mais pobres, como historicamente ocorre no Brasil. Pelos dados da Receita Federal, o Sul e o Sudeste receberam juntos, em 2002, 61% do total da renúncia fiscal da União; o Centro-Oeste, 4%; o Norte 24%; o Nordeste, somente 11%, embora detenha quase 30% da população brasileira. Assim, para o bem das regiões menos desenvolvidas e para ampla melhoria da distribuição da renda nacional, em função do *critério populacional*, conforme previsto na Constituição Federal[6], o *Imposto Único* seria o mais eficiente instrumento para romper a lógica cruel do sistema que aí está.

Para melhor fundamentar minha posição e deixar claro o meu cuidado com a preservação do equilíbrio fiscal no País, encaminhei, na qualidade de deputado federal por Pernambuco, o Requerimento de Informações nº 322, de 1999, ao Senhor Ministro de Estado da Fazenda. Nele solicitava o seguinte[7]: "Na hipótese de substituição do atual elenco de tributos pelo que se denomina *Imposto Único*, que alíquota deveria vigorar, sem prejuízos para os presentes níveis de arrecadação?"

---

6 Constituição Federal, art. 165, § 7°.

7 Requerimento de Informações nº 322, de 1999.

A resposta ao Requerimento, formulada pela Secretaria da Receita Federal (SRF), está eivada de considerações em que se destaca a posição anti-Imposto Único: "Esta pergunta não é de fácil resposta, porque os agentes econômicos não são passivos em relação à tributação. Assim, a introdução de um novo modelo de tributação resultará num novo comportamento por parte dos contribuintes, os quais, pelo princípio da racionalidade econômica, procurarão minimizar os efeitos da tributação sobre os respectivos rendimentos e negócios".

Essa dificuldade apresentada pela Secretaria da Receita Federal (SRF) é espantosa. É como se dissesse: para que mudar, se o contribuinte é um sonegador congênito e, por isso, sempre procura "minimizar os efeitos da tributação sobre os respectivos rendimentos e negócios"?

Para a SRF, "esse novo comportamento, induzido pela nova formatação do regime de tributação, é de difícil previsão. Vários fatores influirão na decisão dos agentes econômicos, sendo o mais importante deles, certamente, a própria alíquota que se estabelecer para o chamado *imposto único*. Assim, quanto maior for a alíquota do tributo, maior será a alteração produzida pelo novo regime tributário no comportamento dos contribuintes, no sentido de minimização de sua carga tributária. Para compensar a perda potencial de arrecadação, será necessário majorar a alíquota do tributo, o que, no entanto, produzirá uma mais forte reação por parte dos agentes econômicos. Dessa forma, estabelece-se um círculo vicioso em que a cada majoração da alíquota do tributo corresponderá um comportamento reativo por parte do contribuinte, acarretando queda de arrecadação e exigindo nova majoração da alíquota".

A SRF concluiu a resposta, estimando a alíquota do *Imposto Único* em 6,63%, fundada, segunda ela, na premissa (falsa) de que os agentes econômicos fossem "passivos em relação ao tributo". No entanto, aduziu que "com uma alíquota de 6,63% (incidente sobre todas as transações financeiras dos agentes econômicos, pessoas físicas e jurídicas) o novo *imposto único* não será capaz de produzir o montante de receitas tributárias hoje arrecadadas com o atual arcabouço de tributos previsto na Constituição Federal". Ademais, "sua eventual implantação produziria reflexos bastante variados sobre os diversos agentes econômicos e induziria a profundas transformações nos modos de produção e comercialização na economia brasileira, com perdas significativas de competência e competitividade, em função da eliminação da especialização e terceirização do processo produtivo".

Por estranho que pareça, a SRF, para mim, uma das expressões-síntese da *burocratocia* brasileira, reconheceu e assinalou que o "*Imposto Único*" é "teoricamente insonegável". Ora, eu não seria ingênuo para sustentar que, num sistema monotributário, a sonegação deixaria de existir. A verdade, porém, é que o atual sistema não passa de uma rede estendida sobre o aparelho produtivo nacional e sobre a sociedade, impedindo e emperrando o desenvolvimento, inclusive com claros ou dissimulados estímulos à sonegação. A esse respeito, não são de estranhar as palavras do próprio Secretário da Receita Federal, Dr. Everardo Maciel, em audiência na Comissão Parlamentar de Inquérito (CPI) do Senado Federal, em 20 de maio de 1999[8]: "825 bilhões (de reais) ... não são capturados pelo sistema tributário. Aí estão a informalidade, a evasão fiscal, a sonegação e a elisão fiscal".

---

8 SENADO FEDERAL, Secretaria Geral da Mesa, Subsecretaria de Comissões. Exposição do Dr. Everardo Maciel, Secretário Geral da Receita Federal, na reunião da CPI, realizada em 20 de maio de 1999. Brasília-DF, p. 14. A CPI se destinava "a apurar fatos do conhecimento do Senado Federal, veiculados pela imprensa nacional, envolvendo instituições financeiras, sociedades de crédito, financiamento e investimento, que constituem o Sistema Financeiro Nacional".

O Secretário deixou os senadores boquiabertos, ao afirmar: "Vamos apanhar as 530 maiores empresas brasileiras ... vamos encontrar o seguinte: ... 50% dessas empresas não pagam nada de imposto de renda. Sonegação? Normalmente, não. É elisão fiscal. São as bases que corroem o cálculo do Imposto de Renda. Vamos pensar em instituições financeiras: nas 66 maiores, 42% recolhem zero de Imposto de Renda..."[9] Era de esperar, portanto, que a SRF, em vez de opor-se ao *Imposto Único*, para ela *teoricamente insonegável*, tudo fizesse para implantá-lo, o mais rápido possível. Mas como faria isso, logo a SRF, a expressão por excelência da *burocratocia*?

Consciente, pois, de que o *Imposto Único* teria de passar por ajustes à realidade brasileira, onde enfrentaria resistências corporativas sem conta (da Receita Federal, das secretarias estaduais e municipais de fazenda e de outras entidades de finanças públicas), além do bombardeio implacável dos sonegadores e corruptos contumazes, a que serve o atual modelo, admiti que a sua implantação haveria de ser gradual. Seria um processo educativo de mudança de comportamento, em uma cultura acostumada às imperfeições do relacionamento entre Estado e contribuinte e entre Estado e cidadão.

Entendendo a dificuldade de que se revestia a matéria a respeito da questão tributária nacional, apresentei, em parceria com o deputado Marcos Cintra, a Proposta de Emenda à Constituição nº 474, de 2001, com vistas a "aperfeiçoar o Sistema Tributário Nacional e o financiamento da Seguridade Social". O projeto foi aprovado por unanimidade pela Comissão Especial da Câmara dos Deputados e, por influência dos poderosos setores ligados à *burocratocia* econômica e política, acabou sendo engavetado.

---

9 SENADO FEDERAL, Secretaria Geral da Mesa, Subsecretaria de Comissões. Op. cit. p. 14.

Como parte da estratégia de gradual implantação do IU, a PEC nº 474, objetivava *criar o Imposto Único Federal (IUF)*, para substituir 11 tributos cobrados pela União – Imposto de Renda da Pessoa Física e da Pessoa Jurídica, Imposto sobre Produtos Industrializados, Contribuição Provisória sobre Movimentações Financeiras, Contribuição Social sobre o Lucro Líquido das Pessoas Jurídicas, Contribuição para Financiamento da Seguridade Social, Previdência Social – INSS Patronal, Imposto sobre Operações Financeiras, Imposto Territorial Rural, Salário-Educação e as contribuições do Sistema "S" (Senai, Sesc, Senac, Sesi, Senar, Senat e Sest). A má vontade, porém, do Congresso Nacional com a matéria, por medo de contrariar interesses comandados *de fora*, comprova que o esforço feito até agora não sensibilizou o Poder Legislativo.

Na realidade, o IUF permitiria ao Estado saldar uma enorme dívida com a sociedade brasileira. Implantado, primeiramente, no âmbito federal, seria, num segundo momento, submetido a plebiscitos em todo o País, para que os estados e municípios interessados pudessem optar pela adesão a essa inovadora formatação tributária, cuja implementação acarretaria acentuada queda nos custos de arrecadação para o poder público e para os agentes privados. A sonegação, a evasão e a corrupção seriam reduzidas significativamente, tornando o sistema mais justo, mais eficaz e mais eficiente.

A idéia do IUF era muito simples: *(i)* sobre as transações efetuadas no sistema bancário incidiria uma alíquota total de 3,4%, dividida igualmente entre débito e crédito; *(ii)* a partilha da receita entre os níveis de governo não sofreria alteração de critérios, e a distribuição ocorreria de modo automático, por meio de programas computacionais desenvolvidos especificamente para esse fim; *(iii)* no mercado financeiro e de capitais, a tributação seria diferida, evitando a tributação sobre o giro financeiro, de modo que o montante do principal das aplicações seria imune ao IUF, enquanto permanecesse no circuito financeiro, apenas o rendimento real seria tributado; *(iv)* o IUF redistribuiria a carga tributária com maior justiça social, aliviando a excessiva incidência sobre os assalariados, a classe média e as empresas organizadas, que hoje arcam com uma abusiva carga.

No que diz respeito à implementação do IUF, a meta era garantir a mesma arrecadação do atual sistema (estimada, em 2001, em cerca de R$ 183 bilhões na esfera federal), de sorte que a questão seria: qual o nível de tributação do IUF para substituir, sem perdas, a receita proveniente dos atuais tributos? À época, simulações mostravam que uma alíquota de 1,7% no débito e de 1,7% no crédito de cada lançamento bancário seria suficiente para gerar uma receita igual aos tributos eliminados. É importante ressaltar que a proposta do IUF era eliminar todos os tributos arrecadatórios, que representam mais de 70% da arrecadação federal.

Em síntese, o *Imposto Único Federal* teria como principais vantagens: *(i)* redução da carga tributária individual; *(ii)* simplificação do atual sistema tributário; *(iii)* redução dos custos da União, da Previdência, dos estados e municípios, com o enxugamento de suas máquinas arrecadadoras (fiscais), bem como das empresas, com a inexigibilidade de escrituração fiscal, ações judiciais e dispensa de atividades de planejamento, assessoria e advocacia tributária; *(iv)* maior produtividade e lucro das empresas; *(v)* aumento de salários reais e nominais; *(vi)* redução do *custo-Brasil*; *(vii)* universalização da arrecadação, porquanto ninguém sonegaria nem estaria isento do imposto; *(viii)* transparência e impessoalidade; *(ix)* eqüidade, tratando-se de tributo não sonegável e proporcional aos ganhos de cada cidadão; e *(x)* minimização da corrupção.

Os críticos dessa proposta denunciaram o chamado *efeito-cascata* como um grave defeito do IUF, cumulatividade que deveria ser completamente abolida. Na verdade, *(i)* a carga tributária do IUF atingiria, no máximo, 14,9%, contra 29,7%, quando se considera o IPI e o INSS patronal sobre os preços finais[3]; *(ii)* o IUF implicaria variância de carga tributária por produto sensivelmente inferior ao Imposto sobre o Valor Agregado (IVA), o que invalida o mito de que tributos cumulativos introduzem variações nos preços relativos mais intensas do que os IVA, sendo, portanto, necessariamente ruins e indesejáveis; *(iii)* as alíquotas diferenciadas do IVA, como ocorre de fato, a partir das escandalosas práticas de evasão e sonegação, implicariam variância ainda maior de carga tributária setorial, distorcendo mais fortemente os preços relativos na economia do que ocorreria com o IUF.

O atual sistema tributário é extremamente injusto com os assalariados, taxados pesadamente. Em 1998, por exemplo, 53,5% da carga tributária incidiu, direta ou indiretamente, sobre os rendimentos do trabalho, que representaram 26,8% do PIB brasileiro. Quer dizer: a tributação sobre os rendimentos do trabalho foi o dobro do que se poderia considerar proporcional à sua participação na renda nacional. Enquanto isso, o setor financeiro é o grande privilegiado no País. Em 1998, a tributação sobre o trabalho respondeu por 32%, ao passo que as instituições financeiras contribuíram com apenas 4%. Um absurdo. Um absurdo que se mantém graças ao poder insensível e dissimulador da *burocratocia*.

As pessoas de baixa renda, sem conta em banco, não seriam atingidas diretamente pelo IUF. Além disso, o governo poderia utilizar-se de subsídios, caso decidisse privilegiar um setor considerado estratégico ou prioritário. No mercado de trabalho, o novo sistema estimularia a abertura de oportunidades e a contratação de mão-de-obra, porque a folha de salários das empresas seria desonerada. No mercado consumidor, ocorreria significativo acréscimo, seja pela queda nos preços, em função da redução da carga tributária (parte do *custo-Brasil*) incidente sobre o preço final do produto, seja pelo aumento do poder de compra dos trabalhadores, em razão da desoneração dos salários. Nas empresas, o IUF reduziria custos de produção e, conseqüentemente, estimularia as vendas, afora incentivar os investimentos e a ampliação da capacidade produtiva. Enfim, no governo, o novo modelo estimularia a mudança da ênfase da fiscalização tributária (que se tornaria desnecessária, no que se refere aos contribuintes), para o monitoramento das ações de fiscalização sobre o próprio setor público, de onde se originam os grandes escândalos e onde se abrigam a ineficiência e os focos de corrupção.

O *Imposto Único Federal* poderia ser a base de um amplo acordo nacional. Não é tarefa fácil acomodar os interesses dos principais grupos sociais envolvidos em uma reforma tributária, como os trabalhadores, os empresários e o governo. Cada grupo visualiza a oportunidade de ampliar seus espaços econômicos, configurando um conflito de interesses praticamente impossível de ser superado por uma reforma tributária convencional. O novo sistema, ao permitir ganhos a todas as partes envolvidas, criaria condições para o início de um diálogo, que já tarda no País.

De fato, ao setor público, o IUF permitiria redução de custos, desburocratização, modernização administrativa, recuperação de receitas e, por isso mesmo, o necessário ajuste fiscal. Aos trabalhadores, abriria espaço para a recomposição salarial, mediante a incorporação aos salários, ainda que parcial, das contribuições previdenciárias e das retenções na fonte. Ao empresariado, proporcionaria redução de custos, aumento de mercado e recomposição das margens de lucro. Apenas os sonegadores e a economia informal sairiam perdendo. Isso, porém, constituiria um ato de justiça, ainda que tardia.

3.3 Política Institucional e Administrativa

Como se sabe, o Estado é a própria institucionalização do Poder. Nesse sentido, ele reúne todas as instituições ou formas organizacionais voltadas para a promoção, a realização e a proteção do bem comum à sociedade. Como depende dos compromissos funcionais que assume, pode contar com uma burocracia eficaz e eficiente ou perder-se pelos desvãos e labirintos de uma *burocratocia* condenável. Assim, creio não exagerar, quando atribuo à política institucional e administrativa um lugar especial, de onde possa o povo brasileiro assestar as baterias contra o efetivo dos *burocrácios*, a que devemos, em grande parte, os vexatórios índices de desenvolvimento humano e social, no concerto das nações do Mundo.

Minhas idéias a respeito dessa questão são muito simples. Em primeiro lugar, tendo acompanhado a discussão, recorrente aliás, acerca do tamanho funcional do Estado, tenho a dizer que, também neste caso, o melhor caminho é o do meio: nem máximo, nem mínimo, mas, sim, o Estado suficiente para dar conta dos seus papéis. Ora, os papéis centrais e finalistas do Estado continuam sendo: instituir a lei, promover a ordem, garantir a segurança, induzir e regular o desenvolvimento socioeconômico, político e cultural e defender o ambiente natural contra toda ameaça da parte de certos segmentos da sociedade.

Inconcebível seria o aparelhamento instrumental do Estado – como, por exemplo, a máquina arrecadadora de tributos – ganhar uma dimensão maior do que a dos setores de índole finalista. Contudo, nos debates sobre isso, no Brasil, um bom contingente de *burocrácios* tem conseguido plantar seus cargos no domínio das chamadas *funções típicas de Estado*, onde se praticam as melhores remunerações e se concedem as maiores regalias, alijando a segundo ou terceiro plano aqueles que, de fato, servem à sociedade. Inverter isso deveria constituir uma prioridade.

Outro ponto fundamental, na minha concepção de Estado, diz respeito aos seus caracteres inerentes, a serem pormenorizados e descritos, em termos operacionais, nas políticas e estratégias institucionais e administrativas. O Estado deve ser encarado como *promotor do desenvolvimento sustentável*. Não tem como abrir mão dessa tarefa essencial. Mas precisa definir-se pelo seu cumprimento, reconhecendo que lhe basta reunir as condições objetivas desse desenvolvimento, embora, exceto em casos excepcionalíssimos, não lhe caiba executar os atos concretos que, na ponta dos processos, efetivam o que se propôs. O fato é que, isoladamente, nenhum dos atores sociais envolvidos, ou mesmo nenhum grupo parcial deles, é capaz de conceber o desenvolvimento sustentável, na sua inteireza, isto é, aquele que, por sua natureza e seus ingredientes (sociais, econômicos, ambientais, tecnológicos, culturais e políticos, entre outros), tende a manter-se, ao longo do tempo, com energia própria e crescente. É do Estado que se espera a iniciativa e a articulação geral do exercício de tal papel. Bem delineada, a política administrativa pode cortar as asas dos *burocrácios* e, até mesmo, suas fontes de alimentação.

Outra marca indissociável do Estado: a indução do desenvolvimento socioeconômico. Sob esse aspecto, considero que não há de ser apenas *controlador* (ou normatizador) das atividades econômicas, sociais e culturais do País, sobretudo num caso como o nosso. Terá de ser também *indutor* do progresso, particularmente em setores estratégicos e, no entanto, postos à margem dos interesses do mercado, em áreas setoriais ou regionais, que não acompanham os avanços médios da sociedade, e em domínios a que, por diversos motivos, não haja atração da iniciativa privada. Ainda aqui, porém, penso que existe uma infinidade de formas jurídicas e operativas para uma ação pública sem a mão direta dos agentes públicos: atividades terceirizadas, por exemplo, ou confiadas a empresas estatais, que operem rigorosamente com métodos e critérios próprios do setor privado. O importante é que o Estado dê a partida nos projetos e negócios que, de outra maneira, jamais sairiam do plano das idéias. A atenção incidiria na simplificação dos processos e regras, algo diametralmente oposto aos interesses da *burocratocia*.

O Estado brasileiro deve assumir-se como *republicano* e, portanto, comprometido com o interesse público, acima de tudo, e com a construção da cidadania plena e, nesse caso, com a inclusão social mais ampla possível, bem como com autonomia e equilíbrio dos poderes. Quando era deputado federal, algumas vezes me perguntei: "o que faz o Poder Legislativo, se a maior parte das normas que regulam a vida, no País, provém do Poder Executivo, com a enxurrada de Medidas Provisórias, Projetos de Lei sobre tudo quanto a ele caberia apenas executar e Projetos de Emenda Constitucional sem conta?" Nesses momentos, cheguei a pensar, e a temer, se não estaríamos em regresso ao Estado absolutista, que achávamos estar definitivamente ultrapassado. Na verdade, estamos vivendo sob a égide de um Estado *experimentalista*, que brinca de fazer normas e estranha o fato de *umas pegarem e outras não*. Enquanto a brincadeira perdura, ele se exime de fazer o que deve fazer, em favor do povo. A política institucional tem de repor as coisas nos devidos lugares, para restaurar os ideais republicanos.

Naturalmente, como homem de índole, formação e convicção liberal, cobro do Estado seu visceral compromisso com a Democracia e o Direito. O *Estado Democrático de Direito* não se pode restringir a uma expressão vazia, muito ao gosto dos *buro-*

crácios, que a empregam com uma freqüência exaustiva, talvez por autodefesa, talvez como truque para desviar a atenção dos circunstantes, talvez por descrença, talvez por deboche ou cinismo. Na realidade, urge transformar o Estado, ainda que a peleja se estenda por várias décadas, com o propósito expresso de assegurar oportunidades iguais a todos. É exatamente por isso que as regras hão de ter nitidez, amplitude e permanência, seja como forma educativa de atitudes e comportamentos, seja como referencial de julgamento e avaliação, seja como farol, indicando o alvo a que todos atingiremos, seja como compromisso firmado no processo da sua discussão, seja como fonte de esperança em torno da justiça. As normas têm de ser entendidas por todos, sob pena de não serem assumidas senão por alguns; têm de alcançar a todos, sob pena de produzirem a exclusão social de muitos; e têm de ser estáveis, sob pena de induzirem todos à crise. O inverso do Estado Democrático de Direito interessa tão-somente à *burocratocia* e só a ela beneficia.

Enfim, a política e estratégia institucional devem ter em vista a construção de um *Estado forte*. Não prego, obviamente, um Estado ditatorial e autocrático. No entanto, recuso-me a avalizar um Estado inoperante e pífio, destituído de condições concretas para exercer seus papéis. De fato, a que serviria um tal Estado? Considero *forte* o Estado que, em primeiro lugar, tem um Projeto Nacional, como referência e critério de ação. Então, sim, as escolhas passam a ter sentido, e o povo tem presente, todo o tempo, para onde está indo e qual o significado histórico das suas renúncias de momento. Em segundo lugar, esse Estado conta com os instrumentos adequados à condução e consubstanciação do Projeto estratégico nacional e dos seus desdobramentos táticos e operativos. A cada momento, ele se mostra presente e útil ao povo. Em terceiro lugar, o Estado é *forte*, porque tem o respaldo da sociedade. Ela o legitima, na medida em que lhe reconhece o vínculo de fidelidade com os compromissos assumidos, tem a resposta esperada às suas demandas ou lhe dá uma justificativa convincente à eventual impossibilidade de atendimento de um pleito. Eis o Estado antítese da *burocratocia*. Para edificá-lo, precisamos de uma revolução de corações e mentes.

3.4 Política Eleitoral

Considero inadiável a reforma da Política Eleitoral em vigor no Brasil. Essa reforma constituiria o substrato de todas as providências contra a *burocratocia*, que sufoca a Nação e freia o seu desenvolvimento. Nas condições atuais, as regras só favorecem a preservação dos *burocrácios* (no Executivo), dos caciques partidários (no Legislativo) e dos *donos do poder* (no Judiciário, no Ministério Público e nas demais alçadas do Estado brasileiro). Mudá-las não será tarefa de modo algum fácil. Mas a tentativa de mudança é inadiável.

O Documento do Núcleo de Assuntos Estratégicos da Presidência da República[10] aborda esse tema, ressaltando que "a reforma política afeta significativamente a manutenção da normalidade democrática e incide na qualidade dos gastos públicos. Constata-se ainda que **a ocorrência desta reforma, apesar da sua importância, tem baixa probabilidade de ocorrer sem que haja algum fato de ruptura que a motive**"[11]. (grifos meus). E, mais adiante, acrescenta: "São próprias da democracia as mudanças modernizadoras que acompanhem a evolução de uma determinada sociedade, assim como são esperadas as reações dos diversos atores sociais que sentem ameaçados os seus interesses".

10 NAE – *Contribuição para o tema da reforma política*: dimensão constitucional; cadernos NAE, nº 05; SECOM/PR, Brasília, 2005.

11 NAE. op. cit. p. 7.

Há muitos anos, fala-se em reforma político-partidária no Brasil, mas nem sempre as discussões levam a um consenso quanto à sua extensão e profundidade. Apesar de a Legislatura de 1999-2003 ter se dedicado intensamente ao assunto, nenhum resultado prático foi obtido.

Sobre tão controvertida matéria, apresentei, quando deputado federal, Proposta de Emenda à Constituição (PEC nº 267/2000), objetivando a introdução, no nosso sistema jurídico-eleitoral, do ***voto majoritário*** para deputado federal, deputado estadual e vereador, pelo qual se elegeria quem somasse maior número de votos. Com isso, estariam extintos todos os artifícios, que somente servem para perpetuar as velhas lideranças políticas, patrocinadoras e fiadoras da *burocratocia*.

Diferentemente das eleições majoritárias para presidente da República, senador, governador e prefeito, de reduzido número de concorrentes, as eleições no nível parlamentar são massificadas. Por essa razão, o *voto majoritário elegeria os melhores*, sem interferência do dinheiro privado, mantendo o financiamento público das campanhas e as listas abertas. Na verdade, as listas fechadas, elaboradas pelos partidos, são uma aberração política. Nada existe de mais vergonhoso e antidemocrático, nada mais repulsivo e fétido que esse mecanismo perpetuador do atraso e ameaçador da consolidação da democracia entre nós.

A PEC nº 267, que encaminhei ao Congresso Nacional, seria um passo fundamental para aperfeiçoar a nossa legislação eleitoral e caminhar no sentido do fortalecimento dos partidos políticos, sejam eles grandes ou pequenos. Chamei isso de "a verdadeira reforma eleitoral"[12]. É que nem eu nem o Partido Social Liberal éramos contra a modernização do sistema parti-

12 BIVAR, Luciano. *A verdadeira reforma eleitoral*: PEC nº 267/2000. Brasília: Câmara dos Deputados, 2002. p. 3/10.

dário e eleitoral brasileiro. A discordância assentava-se na forma e no conteúdo das propostas anunciadas, um desconexo amontoado de regras, cujo objetivo principal era afastar as pequenas agremiações da cena política do País. Sob a capa modernizante, a reforma traduzia o desejo reprimido de determinadas lideranças pela volta do bipartidarismo, reedição caricata e grotesca de um superado período de nossa história, em que mandavam o Partido do "sim" e o Partido do "sim, senhor!"

Não desconheço que a *migração partidária* é uma excrescência da nossa vida política: pessoas sem qualquer tradição política ficam viajando de sigla em sigla, buscando eleger-se à sombra de um *puxador de votos* e sob as bênçãos do vergonhoso critério das *sobras*. No entanto, os grandes partidos procuram, com o estatuto da *fidelidade partidária*, introduzir normas que transformem os parlamentares em meninos de recado, submissos ao relho dos líderes, transformados em bedéis da nova ordem. Amordaçados em sua liberdade, deputados e senadores seriam obrigados a votar favoravelmente, mesmo em matérias com as quais não concordem. Numa situação dessas, melhor fariam se ficassem em casa, nos seus estados de origem, votando pela Internet ou por meio de procuração dada aos líderes. A fidelidade, assim implementada, desacreditaria por inteiro o Poder Legislativo, como uma ditadura a que nenhum deputado ou senador deveria sujeitar-se.

Ao lado da proibição de coligação em eleições proporcionais, a cláusula de barreira ou de desempenho é, segundo os reformistas, o instrumento mais eficaz para extinguir os pequenos partidos. Eles argumentam que as 18 agremiações representadas no Congresso Nacional põem em risco a governabilidade. Nada mais falso, nada mais enganoso. Trata-se de um embuste impingido a expressiva parcela da opinião pública que, por diversos motivos, não tem acesso ao dia-a-dia do Parlamento. Se o tivesse, constataria que os partidos pequenos (ou nanicos, como pejorativamente são chamados) só detêm 11% das cadeiras na Câmara.

Além disso, nos últimos dez anos, em 68% das votações nominais, os deputados seguiram a orientação das lideranças partidárias, constatando-se que nove de cada dez votos da maioria governista foram fiéis ao Executivo. Onde está, pois, a ameaça à governabilidade? É claro que ela somente existe como pretexto das elites políticas dominantes, formadas nos caminhos estreitos dos gabinetes e em práticas que só reprovam, quando isso lhes convém.

Ao tentar impor a exigência mínima de 5% dos votos válidos para cada partido, os reformistas querem reduzir para sete o número de siglas, aumentando seu poder no Congresso Nacional. Com isso, esperam desfrutar do domínio integral das Comissões Permanentes e Temporárias. Somem-se a essas vantagens da reforma maiores recursos do Fundo Partidário e tempo mais generoso no rádio e na televisão.

Por outro lado, a proibição de coligação em eleições proporcionais é outro golpe no espectro partidário patrocinado pela Constituição de 1988. Não passa de medida autoritária, como as demais proposições do pacote, repito, nunca colocadas em prática por nenhum de nossos governos. Lembro que muitas dessas lideranças reformistas combateram tenazmente o autoritarismo, mas, agora, porque lhes interessa, sonham impor ao País o que nem mesmo o regime militar ousou fazer.

No que se refere ao voto distrital misto, a reforma dos grandes partidos propõe mudar só parcialmente o atual sistema eleitoral. Segundo ela, metade das vagas das Casas Legislativas seria preenchida por uma lista fechada e a outra metade, dentro das mesmas regras do voto proporcional. Ora, isso não representa nenhuma mudança, porquanto se manteriam os abomináveis *quociente eleitoral* e *quociente partidário* e o afrontoso instituto das *sobras*. Assim, a mudança patrocinada pelos grandes partidos aparenta mudar tudo, quando efetivamente não muda nada.

Ao contrário dessa falsa mudança, encaminhei, à consideração da Câmara, a PEC nº 267, que *introduzia o voto majoritário nas eleições parlamentares, alterando o art. 45 da Constituição*. A proposta prevê que se elegerá quem lograr obter mais votos, aos quais se somarão os sufrágios dados à legenda, distribuídos igualitariamente entre todos os candidatos do partido ou coligação.

Esta, sim, é que seria mudança real, tangível e para valer. De uma só vez, seria possível premiar o mérito pessoal dos candidatos, fortalecer partidos e extinguir o sistema eleitoral proporcional, envelhecido monstrengo, ainda usado para medir a vontade popular. Com seus *quocientes* e *sobras*, esse sistema desrespeita o eleitor, mandando para as Casas Legislativas um grande número de candidatos sem voto, enquanto nega o mandato a muitos verdadeiramente escolhidos pela população. O voto proporcional é tão absurdo que, muitas vezes, o eleitor vota em um candidato e acaba elegendo mais alguns outros, por força das *caudas* e das *sobras*, defeitos congênitos do sistema.

Em 1990, por exemplo, no meu Estado de Pernambuco, um só candidato elegeu mais três deputados federais. Enquanto isso, no Mato Grosso, um famoso político deixou de se eleger mesmo tendo obtido estupenda votação. Ocorreu também o caso de um candidato a vereador do PSL, no Recife, o qual, embora tendo sido o 19º mais votado, com 6.596 votos, acabou excluído do universo de 41 vagas da Câmara Municipal. O seu lugar e o de outros foram ocupados por candidatos com menos de 4.000 sufrágios. Fatos como esse têm ocorrido em todas as cidades brasileiras, numa flagrante injustiça contra a liberdade de escolha e a democracia.

A PEC nº 267 era mesmo o novo, no conjunto das propostas de mudanças partidárias e eleitorais, em discussão no País. Ela eliminaria os negócios eleitorais, feitos na composição das chapas, acomodando situações e interesses inconfessáveis, como é o caso da *cauda,* jeitinho usado pelos partidos para facilitar a vida de seus candidatos. Sem *quociente eleitoral, quociente partidário, sobras* e *caudas,* o *voto majoritário nas eleições parlamentares* restauraria a verdade nos pleitos, valorizando o eleitor e os partidos.

O mais importante, contudo, não é restabelecer a verdade eleitoral para os candidatos, individualmente, mas reforçar os partidos e o sistema partidário. Hoje, com a possibilidade de um candidato, com seus votos pessoais, *eleger* vários outros da lista, duas distorções se repetem de eleição para eleição: de um lado, o partido se descaracteriza, ao procurar e escolher candidatos, não por sua identificação ideológica com a legenda, mas com a intenção de aproveitar o seu excedente de votos para a eleição de alguns correligionários; do outro, como muitos candidatos são eleitos devido aos votos individuais de um deles, acabam por formar bancadas menos ligadas ao partido do que ao seu *eleitor* (isto é, ao *puxador de votos*).

Insisto nesse ponto, vital para o desmonte da *burocratocia,* porque há espaço para um tipo insidioso de manipulação do eleitorado por parte do Poder Dominante. Abandonando a preocupação de articular um leque de pessoas ao redor de um programa popular e consistente, o governante pode usar seus poderes – sobre a mídia, por exemplo – para fortalecer seu próprio nome, ou o nome de um preposto de confiança, o que é extremamente fácil para quem dispõe, além do mais, da exposição inerente ao cargo que ocupa.

Com todas as vantagens de que desfruta, o governante pode escolher o momento para aumentar o uso de verbas em projetos com retorno eleitoral ou de mídia e o momento de se lançar candidato a outro cargo ou ao mesmo. Pode ter a certeza, também, de que exercerá forte atrativo sobre os oportunistas de plantão. Com a *eleição exclusivamente majoritária*, essa chaga seria alijada do processo eleitoral, embora não seja ainda a solução perfeita.

O mais importante para a consistência das agremiações partidárias é a possibilidade de concentrar suas campanhas nos candidatos mais representativos do seu ideário, sem serem coagidas, como hoje o são, a dar guarida a candidatos pouco afins com seus programas, com o intuito de garantir votos para suas listas. Sem essa transferência de votos, as próprias coligações deixarão de ser artifícios necessários – ou seja, os Partidos só lançariam candidatos em conjunto por efetiva afinidade política, nunca para tentar assegurar o número de votos exigido pelo quociente eleitoral ou quando um pretenda eleger seu candidato com os votos de outro.

É importante observar, ainda, que o eleitor vinculado ao programa partidário, independentemente de nomes e pessoas, não perderia o canal natural de expressão, que é o voto na legenda. Pelo contrário, ele teria muito a ganhar, pois a homogeneidade da lista, formada a partir de afinidades partidárias e não da busca de *puxadores de votos*, garantiria que o voto de legenda não fosse para o candidato que, na verdade, não faz parte da corrente de pensamento escolhida pelo eleitor.

Ressalto, ademais, que os partidos políticos não perderiam suas muitas prerrogativas quanto ao lançamento de candidatos, à recepção de recursos do Fundo Partidário e ao acesso gratuito ao rádio e à televisão.

3.5 Outras Políticas

Para que o leitor tenha uma síntese do que propus, quando da minha participação no Congresso Nacional, no período de 1999-2003, em forma de Projetos de Lei, Discursos e Cartas

Abertas ao nosso presidente, acrescento, aqui, algumas idéias pelas quais batalhei e nas quais ainda acredito. Nem todas têm uma relação direta com a *burocratocia*. Mas, no fundo, a simplificação dos mecanismos operacionais poderá minorar sensivelmente os espaços dos *burocrácios*.

Defendi, por exemplo, a *extinção da enfiteuse*, modalidade de administração dos terrenos de Marinha. Como relator da PEC nº 603/98, pus-me contra essa forma medieval de apreensão do senhorio direto (a União) sobre os enfiteutas. Os custos da União, para cobrar esse tributo, não justificam a sua permanência. Esta forma de cobrança só alimenta um sem-número de servidores e não acrescenta nada ao PIB do nosso País. Muito pelo contrário, alimentam o *custo-Brasil*.

Combati a retórica e a falácia dos defensores dos direitos humanos, quando propus a *legalização do aborto e da eutanásia* e a *introdução da pena de morte* para crimes de seqüestro, seguido de morte.

Argumentei, insistentemente, que as Forças Armadas deveriam *conveniar-se, mediante tratados e acordos, com grandes potências mundiais*, visando à nossa autodefesa. Com isso, poderíamos diminuir 60% do nosso recrutamento militar, poupando uma verba anual expressiva, que, neste ano de 2006, anda por volta de R$ 35,25 bilhões (segundo o OGU/2006). Entendo que esse foi o grande *milagre* do soerguimento do Japão e da Alemanha do pós-guerra, quando todos os seus recursos passaram a ser dirigidos apenas para o desenvolvimento social e industrial.

A agricultura mereceria uma *garantia de preços mínimos* ao agricultor, blindando-o contra as turbulências do mercado. Os subsídios são uma fonte inesgotável de corrupção, enquanto os incentivos de toda ordem deveriam prevalecer.

Propus, mediante o Projeto de Lei nº 5.199, de 2001, a *extinção da multa de trânsito*, quando o condutor não fosse cientificado no momento. Com isso, acabaríamos com a indústria de multas espalhada pelos quatro cantos deste País.

A Previdência Social deveria, por meio de estudos rigorosos e isentos, *eliminar seus déficits anuais*, desde que a assistência médica fosse transferida para o mercado segurador e a seguridade social ficasse sob inteira responsabilidade dos Fundos de Pensão. Mecanismos existem para tão importante transformação. Basta decisão política.

Com relação à nossa *dívida externa*, apresentei estudos para que ela fosse *interrompida* e, ao mesmo tempo, amortizada num imenso projeto de auto-estradas federais, financiadas pelos nossos credores, em troca da concessão de pedágios, por um período de 50 anos, englobando a dívida presente, mais o custo da gigantesca obra de Norte a Sul do nosso imenso País.

Por fim, a título de valorização dos nossos servidores públicos, propus a criação de uma *Supersecretaria de Recursos Humanos*, subordinada ao Ministério do Remanejamento, a ser criado, com a função de absorver toda a máquina humana estatal, propiciando-lhe melhores condições de trabalho e de salário. Estancaríamos de vez qualquer concurso público, até atingirmos o real tamanho do *Estado burocrático*. Acho que, diante de tão significativa revolução institucional, o fantasma da *burocratocia* perderia sua força, dando espaço a uma nova ordem, onde a produção, aliada ao componente social, faria de todos nós um novo País, um novo Brasil.

Bibliografia

ALBUQUERQUE, Marcos Cintra Cavalcanti de. *A verdade sobre o Imposto Único*. São Paulo: LCTE, 2003.

______. *Por uma revolução tributária*. Brasília: Centro de Documentação e Informação – Coordenação de Publicações – Câmara dos Deputados, 2000.

______. *Imposto Único* – um produto genuinamente brasileiro. São Paulo: Meta, 1998.

______. (Org.). *Tributação no Brasil e o Imposto Único*. São Paulo: Makron Books, 1994.

______. (Org.). *Imposto Único sobre transações*: prós e contras. São Paulo: Folha de S. Paulo, 1991.

______. Por uma revolução tributária. *Folha de S.Paulo*, 14/1/1990.

AMORIM, Miriam Campelo; CINTRA, Antônio Otávio. *Breve histórico das reformas políticas, durante a 51ª Legislatura da Câmara dos Deputados*. Brasília, Consultoria Legislativa, 2003.

ARISTÓTELES. *A política*. Lisboa: Ed. Presença, 1965.

AZAMBUJA, Darcy. *Introdução à ciência política*. 10. ed. São Paulo: Globo, 1996.

BANCO CENTRAL. Site oficial (www.bc.gov.br), 2005.

BIRD. Panorama da economia global. Washington, 2005.

______. *Doing business in 2006*: creating jobs. Washington, 2005.

BIVAR, Luciano. *Passagem para a vida*: "operação terror". Rio de Janeiro: Barrister's, 1989.

______. *Cartilha do imposto único federal-IUF*: o Brasil precisa desse imposto. Brasília: Câmara dos Deputados, 2002.

______. *A verdadeira reforma eleitoral*: PEC nº 267/00. Brasília: Câmara dos Deputados, 2002.

______. *Atuação parlamentar (1999-2002)*. Brasília, Câmara dos Deputados, 2002.

CASTOR, Belmiro Valverde Jobim. Os contornos do Estado e a burocracia no Brasil. In: *Burocracia e reforma do Estado*. Cadernos Adenauer II, n. 3. São Paulo: Fundação Konrad Adenauer, julho 2001.

CHEVALIER, Jean-Jacques. *As grandes obras políticas:* de Maquiavel a nossos dias. (Tradução de Lydia Cristina). 3. ed. Rio de Janeiro:Agir, 1980.

CONGRESSO NACIONAL. *Relatório preliminar ao PLD-2006*. Brasília, 2005.

______. *Projeto de Lei nº 2679/2003*. Câmara dos Deputados, Brasília, 2003.

______. *Projeto de Lei nº 275/2003*. Senado Federal, Brasília, 2005.

FAORO, Raymundo. *Os donos do poder:* a formação do patronato político brasileiro. 2. ed. Porto Alegre: Globo; São Paulo: Ed. USP, 1975. v. 2.

FUNDAÇÃO GETÚLIO VARGAS. *Conjuntura Econômica*, v. 59, n. 11. Rio Janeiro: FGV, 2005.

INSTITUTO BRASILEIRO DE PLANEJAMENTO TRIBUTÁRIO. *Quantidade de normas editadas no Brasil*: período 05/10/1988 a 05/10/2004. Curitiba, 2005.

______. *Carga Tributária Brasileira* – Primeiro Semestre de 2005. Curitiba, 2005.

INSTITUTO DE ESTUDOS PARA O DESENVOLVI-MENTO INDUSTRIAL. *Carta IEDI nº 152 – Perspectivas da Economia Mundial*: expansão desbalanceada e a posição do Brasil. 2005.

KEYNES, John Maynard. *Teoria geral do emprego, do juro e do dinheiro*. (Tradução de Augusto Souza). Rio de janeiro: Fundo de Cultura, 1964.

LA BOÉTIE, Etienne de. *Discurso sobre a servidão voluntária*. (Tradução de Manuel J. Gomes). Lisboa: Edições Antígona, 1986.

MACHIAVEL, Nicolau. *O príncipe; escritos políticos*. Tradução de Lívio Xavier, 2. ed. São Paulo: Abril Cultural, 1979.

MINISTÉRIO DO PLANEJAMENTO ORÇAMENTO E GESTÃO: Secretaria de Recursos Humanos. *Boletim Estatístico de Pessoal*, n. 11, Brasília, 2005.

NABUCO, Joaquim. *Minha formação*. São Paulo: Martin Claret, 2005.

NÚCLEO DE ASSUNTOS ESTRATÉGICOS DA PRESIDÊNCIA DA REPÚBLICA. Cadernos NAE, n. 5; SECOM/PR, Brasília, 2005.

SANTOS, Carlos Alberto. *Participação e eficiência burocrática*: o orçamento participativo de Porto Alegre à luz da teoria econômica da burocracia. s.d., 13p.

SENADO FEDERAL: Secretaria Geral da Mesa. Exposição do Dr. Everardo Maciel, Secretário da Receita Federal, na reunião da CPI realizada em 20 de maio de1999. Brasília, 1999.

Site Marcos Cintra http://www.marcoscintra.org/novo/default.asp?idSecao=13

WEBER, Max. *Ensaios de sociologia*. 5. ed. (Tradução de Waltensir Dutra). Rio de Janeiro: LTC Editora, 2003.

______. *Economia e sociedade*: fundamentos da sociologia compreensiva. 4. ed. São Paulo: UnB/Imprensa Oficial, 2004.

GRÁFICA PAYM
Tel. (011) 4392-3344 · paym@terra.com.br